BRIGITTE CHEVALIER

BIEN LIRE
À L'ÉCOLE

LIRE POUR APPRENDRE
LIRE POUR CRÉER

TEXTES ET EXERCICES
D'ENTRAÎNEMENT PROGRESSIFS
(AVEC LEURS CORRIGÉS)

NIVEAU 1

Illustrations d'Agnès Perruchon

NATHAN

AVANT-PROPOS

Ce livre, dont le but est de **perfectionner la lecture,** est destiné aux enfants du cours élémentaire deuxième année ou du cours moyen première année.

Après un test de départ qui permet de situer le niveau de lecture des élèves, il comporte huit chapitres visant à :
— accroître la précision et l'agilité visuelle ;
— élargir le champ de vision ;
— exercer l'habileté intellectuelle ;
— renforcer la mémoire immédiate ;
— développer la faculté d'anticiper un texte et d'en saisir la structure ;
— évaluer la progression, suivre l'évolution des lecteurs ;
— initier à la pratique de différents types de lecture ;
— préparer à l'exploitation de différents types d'écrits.

Les différents chapitres sont à utiliser **conjointement** et non successivement. Ils comprennent tous une courte partie explicative qu'il sera utile de commenter avec les enfants, suivie de nombreux exercices d'entraînement classés par ordre croissant de difficulté et accompagnés d'un barème de correction.

Les **corrigés se trouvent à la fin de l'ouvrage,** ainsi qu'un **tableau récapitulatif** qui se propose de visualiser les résultats.

Pour tirer le meilleur parti de ce manuel, les instituteurs ou les parents pourront se procurer le **GUIDE PÉDAGOGIQUE,** dans lequel ils trouveront notamment les principes de base de la méthode, des pistes d'utilisation et un commentaire des exercices.

DANGER
LE PHOTOCOPILLAGE TUE LE LIVRE

"Le photocopillage, c'est l'usage abusif et collectif de la photocopie sans autorisation des auteurs et des éditeurs.
Largement répandu dans les établissements d'enseignement, le photocopillage menace l'avenir du livre, car il met en danger son équilibre économique. Il prive les auteurs d'une juste rémunération.
En, dehors de l'usage privé du copiste, toute reproduction totale ou partielle de cet ouvrage est interdite".

© Éditions Nathan, 1987, pour la 1ère édition - ISBN 2-09-151051-3

© Éditions Nathan / VUEF 2001 pour la présente impression

TEST DE DÉPART

Pour mieux évaluer les progrès accomplis, commence par faire un test pour savoir où tu en es. Ce test va permettre de calculer ta vitesse, ta compréhension et ton efficacité de lecture (1).

Lis silencieusement l'histoire qui suit, à ton allure habituelle. Réponds ensuite aux questions sans revenir au texte.

Les pièges du père Gaspard
Lisibilité : 60

Frère Ours, Compère Loup et Maître Renard ont roué de coups	*59*
la tortue, Séraphine. Jojo Lapin décide de la venger. Sa rencontre	*124*
avec un fermier, le père Gaspard, lui donne une idée. Il apprend,	*188*
en effet, deux nouvelles importantes qu'il est le seul à connaître.	*253*
La première, c'est que le père Gaspard a fait une bonne récolte	*326*
de champignons. La deuxième, c'est que le père Gaspard s'est	*386*
débarrassé de ses vieux pièges contre les voleurs. A la place,	*447*
il a acheté des pièges beaucoup plus perfectionnés.	*498*
Jojo Lapin se mit aussitôt à la recherche de Frère Ours,	554
Compère Loup et Maître Renard. Dès qu'il les aperçut il leur	614
confia à voix basse, comme si toute la forêt les écoutait :	673
« Je viens d'apprendre quelque chose qui vous intéressera	730
sûrement. Le père Gaspard est en train de cueillir des	784
champignons. Il les vendra demain au marché. Nous avons donc	843
toute la nuit pour les lui prendre.	878

---

(1) Pour calculer les scores, se reporter page 128. La manière de procéder est indiquée plus longuement dans le guide pédagogique.

— Et pourquoi viens-tu nous prévenir ? demanda Frère Ours méfiant. Tu n'as pas l'habitude de partager.
— Simplement parce que le père Gaspard en a ramassé tellement qu'il y en aurait trop pour moi tout seul. Si vous ne me croyez pas, vous pouvez vérifier. »

Compère Loup, qui était très rapide, courut jusqu'à la camionnette du père Gaspard. Il revint peu après pour confirmer les paroles de Jojo.
« Tu as dit la vérité, Jojo, mais il y a une chose que tu oublies, affirma Maître Renard. Le père Gaspard est très prudent : son potager, sa maison et son garage sont truffés de pièges.
— Erreur, affirma Jojo. Il vient de s'en débarrasser.
— Cette fois-ci nous ne pouvons vraiment pas te croire ! s'exclama Compère Loup.
— Suivez-moi et vous verrez ! »

Le loup, l'ours et le renard suivirent Jojo jusqu'aux abords de la maison du père Gaspard. Quand ils virent les poubelles remplies de pièges, les trois amis durent reconnaître que Jojo, cette fois encore, disait la vérité.
Ils se donnèrent donc rendez-vous tous les quatre le soir, puis rentrèrent chez eux.

Après dîner, Jojo se rendit chez Séraphine.
« Te sens-tu en état de marcher ? demanda-t-il.
— Je me sens beaucoup mieux, je crois que je pourrai marcher un petit peu. Pourquoi ?
— Si tu m'accompagnes, tu verras comment seront punis ceux qui ont osé te faire du mal. »

Très curieuse de voir ce qui allait se passer, Séraphine suivit Jojo en boitillant. Ils arrivèrent bientôt tous les deux en vue de la maison du père Gaspard. Il faisait nuit noire.

Peu après, Compère Loup, Frère Ours et Maître Renard arrivèrent à leur tour. Les trois larrons pénétrèrent dans le jardin du père Gaspard. En silence, ils se dirigèrent vers le garage où était garée la camionnette pleine de champignons.

Tout à coup, le mugissement d'une sirène retentit. Un bruit horrible à vous glacer le sang dans les veines ! De puissants projecteurs s'allumèrent et trois mains métalliques sorties du sol agrippèrent les trois intrus.
« A moi ! A l'aide ! Au secours ! » se mirent à hurler l'ours, le loup et le renard.
« Bravo Jojo, tu es très fort ! s'exclama Séraphine en applaudissant.

— Attends. Je crois que nous n'avons pas encore tout vu », affirma Jojo en souriant.

En effet, le père Gaspard ne tarda pas à faire irruption dans le garage. Il avait un gros gourdin à la main et donna une bonne raclée à Frère Ours, Maître Renard et Compère Loup.

A. Royer, E. Baudry, *Jojo Lapin contre-attaque,* © Hachette.

QUESTIONS

Choisis, parmi les trois propositions (a, b, c), celle qui correspond à l'histoire que tu as lue. Note ta réponse.

1. Jojo Lapin alla trouver l'ours, le loup et le renard pour leur dire que :
   a) le père Gaspard avait acheté des bijoux,
   b) le père Gaspard les invitait à dîner,
   c) le père Gaspard avait fait une bonne récolte.

2. Jojo Lapin dit aussi à l'ours, au loup et au renard que :
   a) le père Gaspard n'avait plus de pièges,
   b) le père Gaspard n'avait plus de jardin,
   c) le père Gaspard n'avait plus de grillage autour de ses légumes.

3. L'ours, le loup et le renard :
   a) crurent tout de suite ce que leur disait Jojo,
   b) voulurent vérifier ce que leur disait Jojo,
   c) se moquèrent de Jojo.

4. Qui fut très rapide :
   a) le renard ?
   b) l'ours ?
   c) le loup ?

5. L'ours, le loup et le renard furent certains que le père Gaspard n'avait plus de pièges :
   a) parce qu'ils virent les pièges dans une poubelle,
   b) parce qu'ils posèrent la question au fermier,
   c) parce qu'ils firent le tour du jardin et constatèrent que les pièges n'étaient plus là.

6. Jojo Lapin, l'ours, le loup et le renard se donnèrent rendez-vous à la ferme :
   a) le lendemain matin,
   b) le soir,
   c) l'après-midi.

7. Après dîner, la tortue Séraphine :
   a) était complètement guérie,
   b) était incapable de marcher sans aide,
   c) se sentait beaucoup mieux mais boitillait encore.

8. Le père Gaspard a mis ses champignons :
   a) dans une brouette,
   b) sur une charrette,
   c) dans une camionnette.

9. Jojo Lapin a monté son coup de manière à ce que l'ours, le loup et le renard :
   a) soient pris dans les nouveaux pièges,
   b) soient attaqués par d'autres animaux,
   c) tombent dans un trou.

10. A la fin de l'histoire, l'ours, le loup et le renard :
   a) furent tués par des chasseurs,
   b) furent battus par le père Gaspard,
   c) eurent une indigestion de champignons.

Prépare un dossier pour *inscrire tes résultats* selon le modèle donné pages 129-134. Chaque fois que tu feras un exercice, note tes scores, tu constateras ainsi tes progrès.

Fais le point régulièrement grâce au chapitre 6 qui contient d'autres tests.

1

UN ŒIL DE LYNX

Comment reconnais-tu un moineau d'une souris ? As-tu besoin de dire : « Il a des plumes, un bec, deux pattes..., elle a des poils, un museau, quatre pattes... ? » Non, tu ne vérifies pas toutes les particularités de ces deux animaux. Tu les distingues du premier coup d'œil.

Chaque mot, comme chaque animal, forme un ensemble unique qui permet de le reconnaître sans se tromper. Le bon lecteur n'examine pas les lettres une par une, il reconnaît le mot à sa silhouette. Mais, pour cela, il faut posséder un *œil habile qui permet de ne pas faire d'erreurs.*

Ce chapitre est là pour t'aider à acquérir cet œil habile, cet œil de lynx.

LA PREMIÈRE QUALITÉ DU BON LECTEUR ? L'ADRESSE ET LA PRÉCISION DE L'ŒIL...

A

1. QU'EST-CE QUE C'EST?

Tous les mots sauf trois désignent ce que tu vois sur le dessin n° 1. Relie ce qui va ensemble (exemple : 3 = A).

top chrono...

A. la balle - **B.** le rocher - **C.** le drapeau - **D.** le râteau - **E.** le seau - **F.** le sac - **G.** le parapluie - **H.** la casquette - **I.** la moustache - **J.** le maillot de bain - **K.** un appareil photo - **L.** un cerf-volant - **M.** la mouette - **N.** la voiture - **O.** le canoë pneumatique - **P.** le parasol - **Q.** le bateau - **R.** la voile - **S.** le nageur - **T.** la moquette - **U.** le pull-over - **V.** la raquette - **W.** les algues - **X.** le mât.

... top chrono

- Note le temps mis aux 1er, 2e essais.
- Calcule ton score sur 20 en comptant un point par bonne réponse; note-le.

1 À la plage

2. QU'EST-CE QUE C'EST?

Tous les mots sauf trois désignent ce que tu vois sur le dessin n° 1. Note le numéro et la lettre qui vont ensemble.

top chrono...

A. les vagues - **B.** une pelle - **C.** un avion - **D.** la mer - **E.** le pêcheur - **F.** la jupe - **G.** la botte - **H.** un cornet de glace - **I.** le sable - **J.** la bouée - **K.** le short - **L.** le soleil - **M.** la boue - **N.** des lunettes - **O.** la pagaie - **P.** le filet de pêche - **Q.** le crabe - **R.** les vaches - **S.** la pancarte - **T.** la barbe - **U.** un carnet d'adresses - **V.** la canne à pêche - **W.** les cheveux.

... top chrono

- Note le temps mis aux 1er, 2e essais.
- Calcule ton score sur 20 en comptant un point par bonne réponse; note-le.

ENTRAÎNEMENT

3. QU'EST-CE QUE C'EST?

Tous les mots sauf trois désignent ce que tu vois sur le dessin n° 2. Note le numéro et la lettre qui vont ensemble.

top chrono...

A. le camion - **B.** le feu rouge - **C.** la portière - **D.** le lièvre - **E.** le pare-brise - **F.** le casque - **G.** l'écharpe - **H.** l'essuie-glace - **I.** le piéton - **J.** la valise - **K.** le pneu - **L.** le facteur - **M.** les chaussures - **N.** le phare - **O.** un sac à dos - **P.** le képi - **Q.** le pare-chocs - **R.** le paratonnerre - **S.** le manteau - **T.** le masque - **U.** le volant - **V.** une bicyclette - **W.** un sac à main.

... top chrono

- Note le temps mis aux 1er, 2e essais.
- Calcule ton score sur 20 en comptant un point par bonne réponse, note-le.

2 Dans la rue

4. QU'EST-CE QUE C'EST?

Tous les mots sauf trois désignent ce que tu vois sur le dessin n° 2. Note le numéro et la lettre qui vont ensemble.

top chrono...

A. le pantalon - **B.** le bonnet - **C.** l'agent de police - **D.** le siège - **E.** la veste - **F.** une moto - **G.** le chameau - **H.** le trottoir - **I.** les gants - **J.** les colis - **K.** le poteau - **L.** le rétroviseur - **M.** le potage - **N.** le conducteur - **O.** la selle - **P.** le chapeau - **Q.** le passage pour piétons - **R.** le cycliste - **S.** le piège - **T.** le magasin - **U.** la camionnette - **V.** la vitre - **W.** une canne.

... top chrono

- Note le temps mis aux 1er, 2e essais.
- Calcule ton score sur 20 en comptant un point par bonne réponse; note-le.

5. QU'EST-CE QUE C'EST?

Tous les mots sauf trois désignent ce que tu vois sur le dessin n° 3. Note le numéro et la lettre qui vont ensemble.

top chrono...

A. la fenêtre - **B.** l'escalier - **C.** le mur - **D.** la sonnette - **E.** la cheminée - **F.** une porte - **G.** la barrière - **H.** le toit - **I.** la boîte à lettres - **J.** les marches - **K.** l'antenne de télévision - **L.** la poste - **M.** le balcon - **N.** l'échelle - **O.** la queue - **P.** un violon - **Q.** un volet - **R.** le chien - **S.** le pigeon - **T.** le panier - **U.** le paquet - **V.** le museau - **W.** les pattes.

... top chrono

- Note le temps mis aux 1er, 2e essais.
- Calcule ton score sur 20 en comptant un point par bonne réponse; note-le.

3 La maison et le jardin

6. QU'EST-CE QUE C'EST?

Tous les mots sauf trois désignent ce que tu vois sur le dessin n° 3. Note le numéro et la lettre qui vont ensemble.

top chrono...

A. les fleurs - **B.** le soleil - **C.** le vélo - **D.** les roues - **E.** le tronc d'arbre - **F.** les branches - **G.** un nuage - **H.** les feuilles - **I.** le trapèze - **J.** le barrage - **K.** le guidon - **L.** un banc - **M.** la balançoire - **N.** la corde à nœuds - **O.** le garage - **P.** le brouillard - **Q.** la pédale - **R.** l'automobile - **S.** les pleurs - **T.** le papillon - **U.** une brouette - **V.** l'herbe - **W.** la niche.

... top chrono

- Note le temps mis aux 1er, 2 essais.
- Calcule ton score sur 20 en comptant un point par bonne réponse; note-le.

7. QU'EST-CE QUE C'EST?

Tous les mots sauf trois désignent ce que tu vois sur le dessin n° 4. Note le numéro et la lettre qui vont ensemble.

top chrono...

A. l'ardoise - **B.** le rideau - **C.** un fauteuil - **D.** la chaise - **E.** le plafond - **F.** le plancher - **G.** le nain - **H.** le tapis - **I.** la lampe - **J.** la plante - **K.** la terre - **L.** l'armoire - **M.** l'étage - **N.** la radio - **O.** la clef - **P.** le téléphone - **Q.** la serrure - **R.** le radiateur - **S.** le vase - **T.** le canapé - **U.** un pain - **V.** le carreau - **W.** l'étagère.

... top chrono

- Note le temps mis aux 1er, 2e essais.
- Calcule ton score sur 20 en comptant un point par bonne réponse; note-le.

4 Dans la salle à manger

8. QU'EST-CE QUE C'EST?

Tous les mots sauf trois désignent ce que tu vois sur le dessin n° 4. Note le numéro et la lettre qui vont ensemble.

top chrono...

A. un plat - **B.** la nappe - **C.** une assiette - **D.** une fourchette - **E.** un couteau - **F.** du sel - **G.** un verre - **H.** du poivre - **I.** une soucoupe - **J.** la foire - **K.** des bananes - **L.** un saladier - **M.** un cousin - **N.** un chat - **O.** la table - **P.** la panthère - **Q.** une tasse - **R.** un coussin - **S.** la serviette - **T.** la prise de courant - **U.** la télévision - **V.** le tableau - **W.** la pendule.

... top chrono

- Note le temps mis aux 1er, 2e essais.
- Calcule ton score sur 20 en comptant un point par bonne réponse; note-le.

11

9. QU'EST-CE QUE C'EST?

Tous les mots sauf trois désignent ce que tu vois sur le dessin n° 5. Note le numéro et la lettre qui vont ensemble.

top chrono...

A. l'épaule - **B.** le nez - **C.** les jambes - **D.** les lèvres - **E.** le bras - **F.** la chenille - **G.** l'œil - **H.** les chevaux - **I.** les sourcils - **J.** la fête - **K.** la cheville - **L.** la main - **M.** la narine - **N.** la joue - **O.** les doigts - **P.** le front - **Q.** le carrelage - **R.** les cheveux - **S.** la tête - **T.** le pouce - **U.** la poitrine - **V.** la paupière - **W.** la hanche.

... top chrono

- Note le temps mis aux 1er, 2e essais.
- Calcule ton score sur 20 en comptant un point par bonne réponse; note-le.

5 Dans la salle de bains

10. QU'EST-CE QUE C'EST?

Tous les mots sauf trois désignent ce que tu vois sur le dessin n° 5. Note le numéro et la lettre qui vont ensemble.

top chrono...

A. le coude - **B.** les ongles - **C.** le menton - **D.** le ventre - **E.** la cuisse - **F.** le portefeuille - **G.** le cou - **H.** le genou - **I.** une éponge - **J.** le robinet - **K.** le porte-serviettes - **L.** le savon - **M.** le poignet - **N.** le mensonge - **O.** les dents - **P.** un flacon - **Q.** le talon - **R.** une brosse - **S.** la baignoire - **T.** une bosse - **U.** un peigne - **V.** le miroir - **W.** la douche.

... top chrono

- Note le temps mis aux 1er, 2e essais.
- Calcule ton score sur 20 en comptant un point par bonne réponse; note-le.

11. QU'EST-CE QUE C'EST?

Tous les mots sauf quatre désignent ce que tu vois sur le dessin n° 6. Note le numéro et la lettre qui vont ensemble.

top chrono...

A. le drap - **B.** un réveil - **C.** le tiroir - **D.** la couverture - **E.** le livre - **F.** le lit - **G.** l'oreille - **H.** le sommeil - **I.** les pantoufles - **J.** le bureau - **K.** le taureau - **L.** le crayon - **M.** le cartable - **N.** la trousse - **O.** le cahier - **P.** la gomme - **Q.** la règle - **R.** le carnet - **S.** l'oreiller - **T.** les ciseaux - **U.** le litre - **V.** le dictionnaire - **W.** une revue - **X.** un pinceau.

... top chrono

- Note le temps mis aux 1er, 2e essais.
- Calcule ton score sur 20 en comptant un point par bonne réponse; note-le.

6 Dans la chambre

12. QU'EST-CE QUE C'EST?

Tous les mots sauf quatre désignent ce que tu vois sur le dessin n° 6. Note le numéro et la lettre qui vont ensemble.

top chrono...

A. le ballon - **B.** le wagon - **C.** le coffre - **D.** la locomotive - **E.** l'électrophone - **F.** l'affiche - **G.** la gare - **H.** un clown - **I.** les rails - **J.** le passage à niveau - **K.** un tunnel - **L.** le bâton - **M.** le pyjama - **N.** le disque - **O.** la cave - **P.** le placard - **Q.** les plumes - **R.** la mare - **S.** la cage - **T.** un tube de colle - **U.** le bec - **V.** l'école - **W.** un perroquet - **X.** le tabouret.

... top chrono

- Note le temps mis aux 1er, 2e essais.
- Calcule ton score sur 20 en comptant un point par bonne réponse; note-le.

B

1. PHRASES A ILLUSTRER

Dix phrases sur quinze sont illustrées. Relie ce qui va ensemble en notant le numéro de la phrase et la lettre du dessin correspondant.

top chrono...

juste

1. Sylvain monte sa tente.
2. Romain lit les aventures de Tintin.
3. Cécile prend l'autobus.
4. Olivier monte dans le train.
5. Delphine saute à la corde.
6. Éric ramasse des coquillages au bord de la mer.
7. Valérie joue avec son chien.
8. Aline descend l'escalier en courant.
9. Sonia porte une lourde valise.
10. Stéphane regarde la télévision.
11. Grégoire fait une grimace.
12. Corinne enfile son pantalon.
13. Pierre prend sa douche.
14. Hélène fait ses devoirs.
15. Fabien se lave les dents.

... top chrono

- Note le temps mis aux 1er, 2e essais.
- Calcule ton score en comptant deux points par bonne réponse; note-le.

2. PHRASES A ILLUSTRER

Dix phrases sur quatorze sont illustrées. Relie ce qui va ensemble en notant le numéro de la phrase et la lettre du dessin correspondant.

top chrono...

1. La chèvre a des cornes et une petite barbe.
2. Le géant enfile ses bottes de sept lieues.
3. Le soldat monte la garde devant le château.
4. Le hibou se réveille au soleil couchant.
5. La fée s'approche du berceau, une baguette à la main.
6. Les pompiers s'efforcent d'éteindre le feu.
7. Le berger veille sur le troupeau de moutons.
8. La fusée s'élance.
9. Les escargots sortent par temps de pluie.
10. Le skieur dévale une pente difficile.
11. La maîtresse écrit la date au tableau.
12. L'enfant s'est endormi dans les bras de son père.
13. L'épouvantail fait peur aux moineaux.
14. Les spectateurs font la queue devant le cinéma.

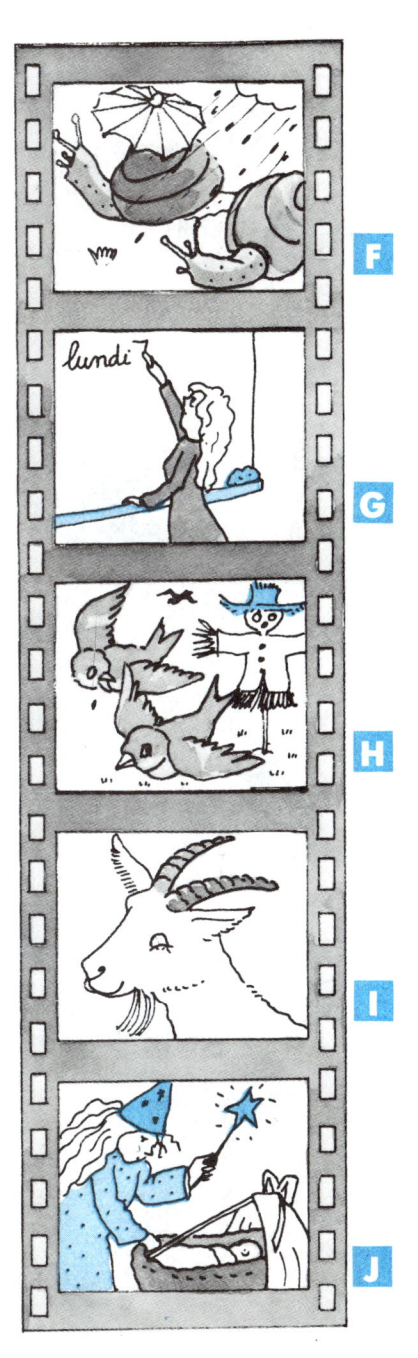

... top chrono

- Note le temps mis aux 1er, 2e essais.
- Calcule ton score en comptant deux points par bonne réponse; note-le.

15

3. PHRASES A ILLUSTRER

Dix phrases sur quinze sont illustrées. Relie ce qui va ensemble en notant le numéro de la phrase et la lettre du dessin correspondant.

top chrono...

1. Le tigre marche de long en large dans sa cage.
2. Le canard sort de l'eau et secoue ses plumes.
3. L'avion survole une ville.
4. Le gendarme fait la circulation au carrefour.
5. Les voitures sont garées le long du trottoir.
6. Dans l'avion, le passager attache sa ceinture.
7. L'écureuil roux grimpe à l'arbre.
8. Les deux garçons se battent à la récréation.
9. Le dompteur fait sauter le tigre dans un cerceau.
10. Le sous-marin disparaît peu à peu dans les profondeurs de la mer.
11. Le chat essaie d'attraper les poissons rouges.
12. Les canards marchent en file indienne.
13. Le gendarme arrête les voitures qui vont trop vite sur l'autoroute.
14. Les robots peignent une voiture.
15. Des éclairs sillonnent le ciel.

... top chrono

- Note le temps mis aux 1er, 2e essais.
- Calcule ton score en comptant deux points par bonne réponse ; note-le.

4. PHRASES A ILLUSTRER

Chaque action dont il est question dans le texte ci-dessous est illustrée par un dessin. Relie ce qui va ensemble en notant le numéro de la phrase et la lettre du dessin correspondant.

top chrono...

Pierre rencontre le Grand Réparateur. Ce Grand Réparateur est un mystérieux personnage qui a le pouvoir d'effacer les traces des bêtises que font les enfants. Sans attendre une minute, Pierre accomplit toutes les bêtises qui lui passent par la tête.

Il posa un pot de fleurs sur le plateau du tourne-disques et le fit tourner d'abord en trente-trois tours puis en quarante-cinq tours **(1)**.

Il démonta le réveil de Mémé **(2)**.

Il traça une cible sur le mur de la cuisine et la bombarda avec des portions de crème de gruyère **(3)**.

Il termina cinq fois le pot de confiture de fraises (pratique, le Grand Réparateur : avec son système, on pouvait recommencer indéfiniment la même bêtise) **(4)**.

Il remplaça l'eau du vase par de l'encre et le muguet prit une étonnante couleur bleue **(5)**.

Chaque fois, le Grand Réparateur effaçait les traces de ses exploits, et c'était comme s'il ne s'était rien passé.

D'après G. Jimenes, *Le Grand Réparateur*, Arc-en-poche, F. Nathan.

... top chrono

- Note le temps mis aux 1er, 2e essais.
- Calcule ton score en comptant quatre points par bonne réponse ; note-le.

C 1. CLIC-CLAC

1) Photographie du regard le premier mot de chaque série de mots. Cherche ensuite rapidement combien de fois tu retrouves ce mot dans la série (1).

2) Repère et note le mot qui désigne ce que tu vois sur le dessin.

top chrono...

carte - carton - carte - cravate - mardi - carte - carré - tarte - date - carreau - cave - pirate - gare - carte - canard - partir - retard - barre - carnet - cartable - écarter.

maison - raisin - mairie - baiser - paire - maire - piéton - maison - faire - carton - laine - maître - caisse - raison - saison - maison - prison - mai - balcon - chaise - faible.

poule - moulin - roule - mouton - boule - poupée - poule - ourse - poumon - touche - coupe - soupe - poudre - coule - foule - poule - soulever - moule - souci - pousser - poulet.

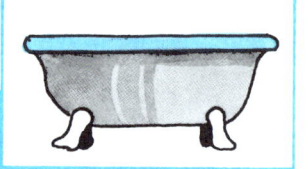

armoire - arrière - victoire - poireau - armée - moitié - article - armoire - mémoire - arroser - artichaut - armoire - arroser - histoire - arracher - armoire - arriver - baignoire - moisson - poire - croire.

visage - virage - visage - sage - visiter - dommage - plumage - voyage - village - tapage - visite - potage - lainage - nuage - dressage - visage - feuillage - courage - viser - orage - sauvage.

campagne - camper - manger - cigogne - cinquante - changement - camp - campagne - camping - montagne - campeur - camarade - danger - compagnie - lampe - compagnon - camper - campagne - grogne - gagne - campagne.

... top chrono

- Note le temps mis aux 1er, 2e et 3e essais.
- Calcule ton score en enlevant deux points par erreur ou oubli; note-le.

(1) On peut aussi placer une feuille de plastique transparent rigide sur la page et barrer les mots à retrouver sur cette feuille avec un feutre spécial qui s'efface à l'eau.

2. CLIC-CLAC

1) Photographie du regard le premier mot de chaque série de mots. Cherche ensuite rapidement combien de fois tu retrouves ce mot dans la série.

2) Repère et note le mot qui désigne ce que tu vois sur le dessin.

top chrono...

cage - nage - stage - cacher - vase - casser - âge - rage - café - plage - cadeau - cahier - calme - cage - carré - sage - rare - cave - car - gage - page.

poisson - boisson - poil - poison - foire - moitié - soirée - soixante - voiture - toile - voisin - poire - boire - poirier - poisson - poignet - poids - poing - poisson - pointu - poitrine.

sourire - rire - nourrir - redire - soupir - sourire - soupe - soulever - respire - soulier - couleur - souple - courir - sourcil - souhaiter - écrire - souvenir - sourire - fou-rire - interdire - souffler.

facile - face - faire - racine - fameux - farce - agile - faible - facile - habile - maçon - race - farine - facteur - fragile - utile - famille - facile - fatigue - façade - chasse.

goûter - goutte - boiter - planter - monter - couture - coûter - mouche - mouton - soulier - sauter - goûter - rouge - bouquet - rougir - douter - toutefois - rouler - route - gourmand - pouvoir.

alouette - toilette - charrette - moquette - aliment - recette - alcool - raquette - vedette - alouette - allumette - trompette - chouette - maquette - squelette - galette - barrette - album - violette - casquette - roulette.

bonjour - séjour - retour - bonheur - bonsoir - bonjour - concert - confort - conseil - bonbon - tambour - autour - bon - content - cour - bouton - bonjour - jour - monter - concours - bonjour.

... top chrono

- Note le temps mis aux 1er, 2e et 3e essais.
- Calcule ton score en enlevant deux points par erreur ou oubli; note-le.

19

3. CLIC-CLAC

1) Photographie du regard le premier mot de chaque série de mots. Cherche ensuite rapidement combien de fois tu retrouves ce mot dans la série.

2) Repère et note le mot qui désigne ce que tu vois sur le dessin.

top chrono...

cerise - brise - église - cerise - chemise - célèbre - cerise - surprise - relire - cependant - cerisier - cuivre - cuisse - frisé - grise - cerise - crise - marchandise - rideau - disons - valise.

mensonge - songe - longer - menteur - monde - ronger - menton - plonge - mentir - rongeur - rencontre - immense - orange - penser - sensible - tempête - mensonge - mensuel - éponge - mensonge - vendange.

parler - pardon - brûler - barbe - geler - parfois - parler - partir - voler - couler - pareil - rouler - garder - garçon - barque - parfum - marron - parfait - mari - parler - avaler.

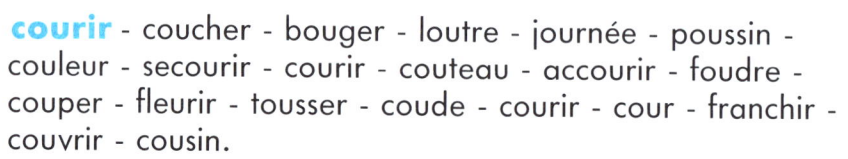

courir - coucher - bouger - loutre - journée - poussin - couleur - secourir - courir - couteau - accourir - foudre - couper - fleurir - tousser - coude - courir - cour - franchir - couvrir - cousin.

chaleur - malheur - chapitre - classeur - chaleur - fureur - dormeur - chapeau - chacun - château - bonheur - chasseur - moteur - docteur - chaleur - vendeur - lenteur - chaîne - chaleur - charmant - chacal.

ligne - libre - cogner - règne - signe - ligne - cygne - litre - livre - tige - riche - grognon - peigne - vivre - ligne - lire - digne - filet - limite - lion - soigne.

boire - toit - foire - poire - coiffeur - boire - soir - boîte - bois - boisson - boiter - croire - soirée - voile - doigt - boire - noire - soif - loisir - boire - foire.

... top chrono

- Note le temps mis aux 1er, 2e et 3e essais.
- Calcule ton score en enlevant deux points par erreur ou oubli; note-le.

4. CLIC-CLAC

1) Photographie du regard le premier mot de chaque série de mots. Cherche ensuite rapidement combien de fois tu retrouves ce mot dans la série.

2) Repère et note le mot qui désigne ce que tu vois sur le dessin.

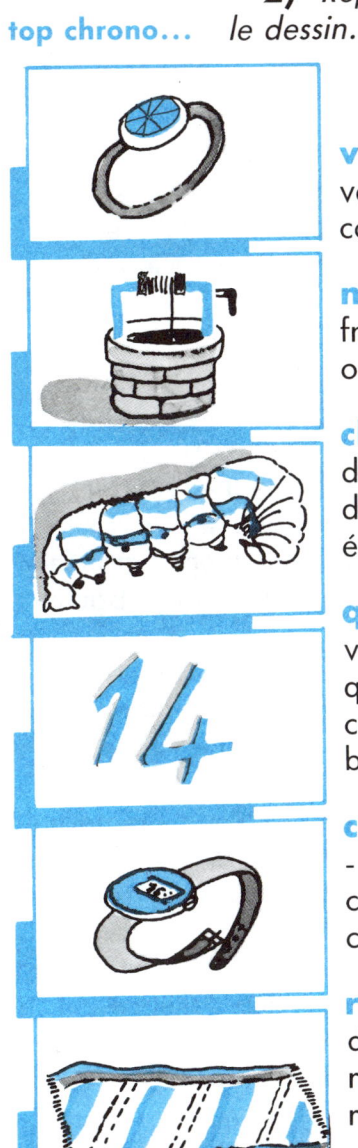

top chrono...

vague - vache - angle - gauche - nager - vallée - fugue - valeur - vaccin - bague - cave - fatigue - vague - vase - conjugue - vaste - varier - vague - garde - tabac - lavage.

nuit - cuir - juin - puis - huit - fuir - nuit - suite - puits - fruit - nuit - guide - huile - nul - bruit - but - ennui - nuit - oui - cuire - suivre.

cheminée - chemin - terminer - cheville - famille - déchirer - commissions - chenille - lumière - cheminée - diminuer - chemise - amical - cheminée - matinée - émission - destinée - chèque - année - promener.

quarante - suivante - quart - carnaval - cinquante - vivante - quarante - vacances - quatre - élégante - quatorze - hanté - quarante - distance - rectangle - carrefour - quartier - qualité - quarante - soixante - brillante.

concours - fontaine - montre - course - conseil - toujours - concours - source - confier - secours - condition - conduite - concours - velours - contrôle - longueur - content - lourd - bonheur - bonjour - conserves.

repas - cas - départ - sept - épingle - repas - renard - depuis - retard - gras - compas - tapis - bras - repos - regard - là-bas - repas - réparer - rapide - répondre - repasser.

précieux - astucieux - précis - précieux - presse - radieux - préciser - anxieux - précéder - création - prénom - crevette - prévenir - monsieur - gracieux - mieux - président - précieux - soucieux - premier - presque.

... top chrono

- Note le temps mis aux 1er, 2e et 3e essais.
- Calcule ton score en enlevant deux points par erreur ou oubli; note-le.

5. CLIC-CLAC

1) *Photographie du regard le premier mot de chaque série de mots. Cherche ensuite rapidement combien de fois tu retrouves ce mot dans la série.*

2) *Repère et note le mot qui désigne ce que tu vois sur le dessin.*

top chrono...

problème - probable - trottoir - problème - brosse - profond - drôle - problème - promesse - douzième - programme - progrès - promener - fromage - robinet - problème - brouette - proche - propre - sème - cinquième.

joie - voix - soir - toit - soie - toi - roi - bois - soif - proie - étroit - noix - joie - froid - droit - joie - scie - quoi - loi - foie - oie.

mouvement - ouvrir - sourire - faiblement - vraiment - mouton - mouvement - moustique - pansement - courir - faiblement - mouvement - forcément - seulement - moulin - ouvrier - pouvoir - mouvement - gentiment - mou - boule.

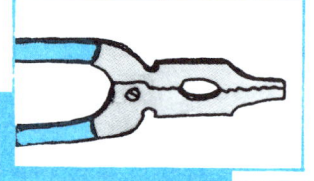

place - plage - pince - sauce - lacet - placer - place - glace - plat - classe - plafond - plaque - lance - planche - trace - épice - force - glacé - placard - platane - face.

machine - racine - mâcher - madame - colline - maternel - chiffon - maladroit - victime - déchirer - sardine - magasin - machine - déchiffrer - marche - cuisine - tartine - farine - machine - marin - cantine.

silence - balance - signe - distance - milieu - silence - siège - signal - prudence - récompense - dépense - science - signer - patience - présence - silencieux - lancer - semence - sifflet - expérience - situer.

devoir - espoir - défaut - miroir - devoir - demain - deviner - devant - février - savoir - neveu - devoir - chèvre - cheveux - rasoir - devenir - revoir - séchoir - degré - vouloir - prévoir.

... top chrono

- Note le temps mis aux 1er, 2e et 3e essais.
- Calcule ton score en enlevant deux points par erreur ou oubli; note-le.

6. CLIC-CLAC

1) Photographie du regard le premier mot de chaque série de mots. Cherche ensuite rapidement combien de fois tu retrouves ce mot dans la série.

2) Repère et note le mot qui désigne ce que tu vois sur le dessin.

top chrono...

souvent - double - couper - bâtiment - douleur - souvent - couleur - ciment - suivant - jument - vent - urgent - souvent - souvenir - soupir - gaiement - soutenir - foule - souvent - souple - soulever.

échelle - demoiselle - tellement - rondelle - appelle - chapelle - échange - cruelle - rappelle - mortelle - échapper - échelle - belle - pelle - nouvelle - chèvre - échange - bretelles - échelle - gazelle - écrire.

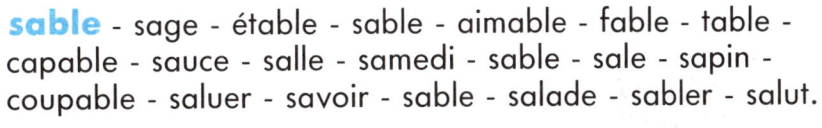

sable - sage - étable - sable - aimable - fable - table - capable - sauce - salle - samedi - sable - sale - sapin - coupable - saluer - savoir - sable - salade - sabler - salut.

observer - obéir - arriver - objet - rêver - réserver - obscur - serrure - obliger - observer - service - trouver - cultiver - relever - serpent - observer - obtenir - prouver - obscurité - aggraver - obligatoire.

construire - continuer - construire - respire - connaître - concierge - contraire - voiture - traduire - étranger - frontière - montagne - reluire - construire - conduire - conclure - détruire - construire - construction - contenir - confiture.

foin - fois - foncé - fané - fond - soin - foin - fossé - fou - poing - foin - coin - rien - bain - sien - point - foudre - mien - foin - sien - foire.

nord - tort - porc - bord - dors - port - mort - Noël - nord - fort - ordre - nœud - tard - sport - note - sort - normal - nord - nous - voir - nord.

... top chrono

- Note le temps mis aux 1ᵉʳ, 2ᵉ et 3ᵉ essais.
- Calcule ton score en enlevant deux points par erreur ou oubli; note-le.

7. CLIC-CLAC

1) *Photographie du regard le premier mot de chaque série de mots. Cherche ensuite rapidement combien de fois tu retrouves ce mot dans la série.*

2) *Repère et note le mot qui désigne ce que tu vois sur le dessin.*

top chrono...

couleur - courage - cou - couverture - couper - coucher - couler - coup - courir - cour - course - cousin - couvercle - coupable - couloir - coude - couleur - courbe - courrier - couvert.

décider - décision - démolir - décembre - déchirer - désir - débuter - désert - détacher - désordre - décider - détester - délicat - dépasser - dépense - décider - décorer - défaut - déjeuner - dépenser - déranger.

entendre - enfermer - enquête - ensemble - entendre - enfant - endroit - entendu - enfoncer - entier - entrée - environ - enlever - ensuite - enfance - entourer - entrer - enveloppe - envoyer - endormi - enfer.

programme - prochain - profession - profond - progrès - produire - promener - provisions - propre - promettre - protéger - propreté - propriétaire - promenade - programme - probable - profondeur - protester - procédé - producteur - professeur.

répondre - réaction - régiment - répondre - réaliser - réchaud - récit - réclame - régime - répondre - récent - régler - récompense - réfléchir - réfrigérateur - réparer - récolte - région - réveil - résultat - répéter.

arriver - artiste - arrière - armée - arranger - arriver - arrêter - arriver - argile - arrêt - arracher - arroser - article - arbre - arbitre - argent - ardoise - armure - arme - arrivée - araignée.

... top chrono

- Note le temps mis aux 1er, 2e et 3e essais.
- Calcule ton score en enlevant deux points par erreur ou oubli ; note-le.

8. CLIC-CLAC

1) Photographie du regard le premier mot de chaque série de mots. Cherche ensuite rapidement combien de fois tu retrouves ce mot dans la série.

2) Repère et note le mot qui désigne ce que tu vois sur le dessin.

top chrono...

garage - rage - éclairage - barrage - virage - image - plumage - feuillage - voyage - bagage - garage - étage - cage - gage - nuage - otage - courage - cirage - orage - mariage - village.

bruyante - souriante - ignorante - plante - collante - bruyante - plaisante - savante - suivante - touchante - chante - méchante - servante - décevante - bruyante - obéissante - perçante - cassante - croquante - tante.

aliment - compliment - gentiment - élément - règlement - séparément - calmement - couramment - aboiement - comment - document - aliment - monument - instrument - lancement - fièrement - rapidement - aliment - tristement - rarement - vivement.

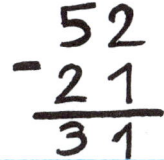

addition - soustraction - opération - multiplication - indigestion - punition - proposition - démolition - inscription - exposition - dentition - correction - collection - interdiction - inspection - addition - récréation - agitation - natation - précaution - attention.

aimable - capable - agréable - table - aimable - infatigable - cassable - cartable - buvable - cultivable - faisable - inusable - utilisable - mangeable - inconsolable - adorable - admirable - aimable - durable - coupable.

signal - canal - banal - national - signal - loyal - royal - original - génial - général - rival - amical - métal - journal - signal - commercial - régal - central - cheval - brutal - musical.

... top chrono

- Note le temps mis aux 1er, 2e et 3e essais.
- Calcule ton score en enlevant deux points par erreur ou oubli; note-le.

D — 1. TROUVE LES ERREURS

Chaque phrase est répétée deux fois mais certaines répétitions comportent des erreurs. Lesquelles?

top chrono...

1. Le garçon a perdu son pari.
   a) Le garçon a perdu son ami.
   b) Le garçon a gagné son pari.

2. La pile de la radio est usée.
   a) La file de la radio est usée.
   b) La pile de la radio est usée.

3. Le bœuf avale l'herbe sans la mâcher.
   a) Le buffle avale l'herbe sans la cracher.
   b) Le bœuf mange l'herbe sans la mâcher.

4. Le rossignol aime les bois proches de l'eau.
   a) Le rossignol habite les bois proches de l'eau.
   b) Le rossignol aime les bois près de l'eau.

5. La nage est un sport excellent pour le dos.
   a) La cage est un sport excellent pour le dos.
   b) La brasse est un sport excellent pour le dos.

6. Le bateau est resté au large toute la nuit.
   a) Le radeau est resté au large toute la nuit.
   b) Le bateau est resté au large toute une nuit.

7. La voiture est bloquée dans les embouteillages.
   a) La toiture est bloquée dans les encombrements.
   b) La voiture est bloquée dans les embouteillages.

8. Un énorme chat noir entra et sauta sur le lit.
   a) Un énorme chat noir entra et bondit sur le lit.
   b) Un énorme rat noir entra et sauta sur le lit.

9. Il a jeté son chapeau dans l'entrée.
   a) Il a jeté son chameau dans l'entrée.
   b) Il a lancé son manteau dans l'entrée.

10. Sébastien a été mordu par un chien dans la cour de la ferme.
    a) Sébastien a été tordu par un chien dans la cour de la ferme.
    b) Sébastien a été mordu par un chien dans la cour de la ferme.

... top chrono

- Note le temps mis.
- Calcule ton score en comptant un point par erreur retrouvée ; note-le.

2. TROUVE LES ERREURS

Chaque phrase est répétée deux fois mais certaines répétitions comportent des erreurs. Lesquelles ?

top chrono...

1. Ce jeu me paraît très amusant.
   a) Ce feu me paraît très amusant.
   b) Ce jeu me paraît très amusant.

2. Le plombier a fini de réparer la fuite.
   a) Le plongeur a fini de réparer la fuite.
   b) Le plombier a fini de réparer la suite.

3. Le film a été tourné en plein désert.
   a) Le film a été tourné en plein désert.
   b) Le feuilleton a été réalisé en plein désert.

4. Le chien a risqué sa vie pour sauver sa maîtresse.
   a) Le cheval a risqué sa vie pour sauver sa maison.
   b) Le chien a risqué sa vie pour sauver sa maîtresse.

5. Les astronautes suivent un entraînement sérieux.
   a) Les astronautes subissent un entraînement sévère.
   b) Les cosmonautes suivent un entraînement sérieux.

6. Au bout de la ligne, un énorme poisson se débattait.
   a) Au bout de la ligne, un minuscule poisson se débattait.
   b) Au bout de la ligne, un énorme poisson se débattait.

7. Ses cahiers et ses livres traînent partout dans la chambre.
   a) Ses carnets et ses livres traînent partout dans la pièce.
   b) Ses cahiers et ses livres traînent surtout dans la chambre.

8. L'éclair reste visible pendant une demi-seconde.
   a) L'éclair reste lisible pendant une demi-seconde.
   b) L'éclair reste visible durant une demi-seconde.

9. L'éléphant balance sa trompe et ses grandes oreilles.
   a) L'éléphant secoue sa trompe et ses grandes oreilles.
   b) L'éléphant balance sa trompe et ses longues oreilles.

10. Les enfants courent de toutes leurs forces pour gagner le championnat.
    a) Les enfants courent de toutes leurs jambes pour gagner le championnat.
    b) Les enfants nagent de toutes leurs forces pour gagner le championnat.

... top chrono

- Note le temps mis.
- Calcule ton score en comptant un point par erreur retrouvée ; note-le.

3. TROUVE LES ERREURS

Chaque phrase est répétée deux fois mais certaines répétitions comportent des erreurs. Lesquelles?

top chrono...

1. La couche de neige commence à s'épaissir.
  a) La boule de neige commence à s'épaissir.
  b) La couche de glace commence à s'épaissir.

2. Les terres les plus froides sont celles qui sont éloignées de la mer.
  a) Les terres les plus froides sont celles qui sont éloignées de la mer.
  b) Les terres les plus froides sont celles qui sont loin de la mer.

3. La mésange se nourrit de graines mais aussi de mouches.
  a) La mésange se nourrit de graines mais aussi de moucherons.
  b) La mésange se nourrit de grains mais aussi de mouches.

4. Ce sont les Chinois qui ont inventé les fusées il y a plus de mille ans.
  a) Ce sont les Chinois qui ont imaginé les fusées il y a plus de mille ans.
  b) Ce sont les Chinois qui ont inventé les musées il y a plus de mille ans.

5. Le petit garçon se lève pour admirer la lune et les étoiles.
  a) Le petit garçon se lève pour adorer la lune et les étoiles.
  b) Le petit garçon se lave pour admirer la dune et les étoiles.

6. Les manchots sont des animaux qui se laissent approcher et même caresser.
  a) Les manchots sont des animaux qui se laissent approcher et aussi caresser.
  b) Les manchots sont des animaux qui se laissent attacher et même caresser.

7. Lorsque le soleil se couche, la fraîcheur monte de la rivière.
  a) Lorsque le soldat se mouche, la fraîcheur monte de la rivière.
  b) Lorsque le soleil se couche, la fraîcheur monte de la rivière.

8. Les fourmis transportent des charges énormes par rapport à leur taille.
  a) Les fourmis transportent des poids énormes par rapport à leur taille.
  b) Les souris traînent des charges énormes par rapport à leur taille.

9. Le voleur a profité de l'absence des habitants pour pénétrer dans l'appartement.
  a) Le voleur a profité de l'absence des habitants pour entrer dans l'appartement.
  b) Le cambrioleur a profité de l'absence des habitants pour pénétrer dans l'immeuble.

... top chrono

- Note le temps mis.
- Calcule ton score en comptant un point par erreur retrouvée; note-le.

2

UN ŒIL PANORAMIQUE

Sais-tu ce qui se passe quand tu lis ? Ton œil n'avance pas régulièrement le long de la ligne comme un train sur des rails. Il se déplace par bonds, par sauts, comme une grenouille (ou une puce...). Pendant un très court instant, l'œil s'arrête et fixe quelques lettres, un mot, plusieurs mots, puis il fait un saut, puis il fixe à nouveau, etc.

Au début, le lecteur voit peu de lettres à la fois. L'œil est pourtant comme une caméra. Il peut faire un gros plan sur un détail, une personne. Mais il peut aussi faire un plan plus large et filmer un ensemble de personnes ou même un vaste paysage, un panorama. Avec un peu d'entraînement, l'œil arrive à *saisir deux ou plusieurs mots en une seule fois.* La lecture est alors plus rapide et le texte plus facile à comprendre.

👁 → 👁 → 👁 → 👁
 Le   chien   a   soif

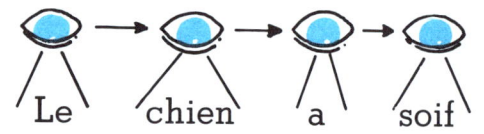

Lecteur débutant - Pour 4 mots : 3 déplacements, 4 arrêts.

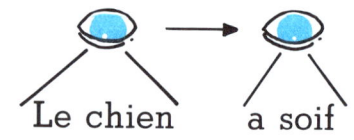

👁 → 👁
 Le chien   a soif

Lecteur un peu entraîné - Pour 4 mots : 1 déplacement, 2 arrêts.

👁
Le chien a soif

Lecteur entraîné - Pour 4 mots, pas de déplacement, 1 arrêt.

T'exercer à acquérir un œil panoramique, tel est le but de ce chapitre.

**LA DEUXIÈME QUALITÉ DU BON LECTEUR ?
UNE VISION ÉTENDUE...**

A

1. D'UN SEUL COUP D'ŒIL

Pour chaque exercice de cette page, lis chaque colonne en faisant descendre ton regard le long du trait. Tes yeux doivent fixer le trait et saisir en une seule fois le mot ou le groupe de mots. Reporte-toi ensuite aux questions page 36.

3 à 8 lettres ou espaces

mon	ici	non
oui	tôt	sûr
vite	doux	hier
ciel	chat	cinq
deux	fort	gros
gris	tard	rose
wagon	assez	vider
exact	final	vieux
frais	bière	douze
la vue	au lit	du thé
la fin	à côté	la vie
le roi	du vin	le dos
au coin	la dent	le coq
la clef	un bain	un clou
le loup	le chef	de l'eau

2. D'UN SEUL COUP D'ŒIL

5 à 8 lettres ou espaces

un sac	petit	grand
lundi	glacé	riche
en mai	demain	le gaz
du riz	un ami	le toit
en été	debout	le mur
en trop	l'usine	octobre
au bord	du pain	égoïste
ce soir	élégant	l'étang
allez!	février	fragile
étrange	il gèle	hélas!
tais-toi	il pleut	un fossé
la porte	un homme	voyons!
en hiver	à gauche	en ville
un bruit	personne	à la mer
cheminée	en avril	à minuit

- Note le temps mis.
- Calcule ton score en comptant deux points par bonne réponse aux questions; note-le.

3. D'UN SEUL COUP D'ŒIL

Pour chaque exercice de cette page, lis chaque colonne en faisant descendre ton regard le long du trait. Tes yeux doivent fixer le trait et saisir en une seule fois le mot ou le groupe de mots. Reporte-toi ensuite aux questions page 36.

7 à 10 lettres ou espaces

un cube	juillet	l'opéra
menteur	parfois	patient
en panne	le genou	la nièce
le frère	distrait	les bras
du gibier	la sœur	la tante
innocent	un canon	un merle
il a zéro	les mains	en flamme
il tousse	la course	le cousin
à la gare	un ennemi	au revoir
une goutte	silence!	la valise
l'annuaire	en arrière	ton voisin
nulle part	il a l'air	un château
comprendre	moins cher	le poignet
les jambes	une montre	une étable
magnifique	la machine	des olives

4. D'UN SEUL COUP D'ŒIL

8 à 11 lettres ou espaces

à droite	un fauve	un lapin
du sucre	écrivons	de l'aide
un client	au cinéma	un carnet
en voyage	un cahier	au cirque
plus tard	le calcul	du papier
le théâtre	des achats	un bouchon
un magasin	à la queue	un tableau
un robinet	des sapins	un élevage
on a sonné	à l'église	à l'étalage
une source	des gamins	un pommier
sur le pont	à la chasse	en banlieue
un prix bas	en vacances	à la banque
coup double	des bagages	un cerisier
je m'endors	des cadeaux	des muscles
un joli nom	il se moque	un écrivain

- Note le temps mis pour la lecture aux 1er, 2e, 3e essais.
- Calcule ton score en comptant deux points par bonne réponse aux questions; note-le.

5. D'UN SEUL COUP D'ŒIL

Pour chaque exercice de cette page, lis chaque colonne en faisant descendre ton regard le long du trait. Tes yeux doivent fixer le trait et saisir en une seule fois le mot ou le groupe de mots. Reporte-toi ensuite aux questions pages 36 et 37.

8 à 11 lettres ou espaces

craindre	le métro	un musée
à la mode	le sable	la misère
du plâtre	au revoir	découragé
peut-être	du cuivre	une tuile
la cloche	du ciment	l'enfance
à la foire	des prunes	un ananas
mon goûter	une grille	une brique
des vagues	les habits	la hauteur
les impôts	un inconnu	des billes
aujourd'hui	à la plage	quelquefois
demande-lui	le coiffeur	des détours
une affiche	un chapitre	un mensonge
le courrier	une dactylo	les rochers
face à face	une fermière	le bulletin

6. D'UN SEUL COUP D'ŒIL

10 à 13 lettres ou espaces

en musique	deux roues	un bel été
sans doute	en automne	en route!
des fermes	le gardien	la douleur
il a raison	des champs	un bracelet
un éléphant	ton foulard	une prairie
neuf étages	avoir honte	le gendarme
l'après-midi	au printemps	très aimable
des lunettes	recommençons	au secours!
à la lumière	une médaille	la confiture
un pansement	j'ai sommeil	une décision
du fil de fer	la télévision	nous désirons
sourd et muet	en conclusion	l'explication
ne pleure pas	pas de défaut	un épi de blé
au restaurant	ils divorcent	la géographie
tuer le temps	un hiver rude	un bec d'aigle

- Note le temps mis pour la lecture aux 1er, 2e, 3e essais.
- Calcule ton score en comptant deux points par bonne réponse aux questions; note-le.

7. D'UN SEUL COUP D'ŒIL

Pour chaque exercice de cette page, lis chaque colonne en faisant descendre ton regard le long du trait. Tes yeux doivent fixer le trait et saisir en une seule fois le mot ou le groupe de mots. Reporte-toi ensuite aux questions page 37.

10 à 14 lettres ou espaces

des épines	une écurie	un couloir
du fromage	du verglas	de l'orage
de l'engrais	imperméable	un incendie
la fontaine	une armoire	des chaises
des graines	à l'horizon	de la neige
un fauteuil	une chambre	un monument
après-demain	une émission	trois étapes
quel avare!	en équilibre	la grammaire
un moustique	la fermeture	vingt grammes
du brouillard	un vrai génie	un instrument
suis ta route	jouer au loto	c'est curieux
en difficulté	avoir du goût	un nid de pie
quelle joie!	ils obéissent	l'orthographe
elle est pâle	un parc à jeux	pleins phares
joyeux Noël!	une fine pluie	un médicament

8. D'UN SEUL COUP D'ŒIL

11 à 14 lettres ou espaces

un dentiste	les pigeons	un plombier
une dépense	des paroles	des oranges
un accident	une ardoise	un pardessus
un jardinier	une aventure	un ciel bleu
une épicerie	dans la mine	la maîtresse
un guide sûr	la naissance	un orchestre
le lendemain	au nettoyage	des palmiers
un climat sec	un plat garni	range ton jeu
réfrigérateur	être au repos	une librairie
scier du bois	avoir bon cœur	un gros rhume
un cri perçant	une bonne note	tire le rideau
il est vacciné	un colis lourd	une rose rouge
la circulation	une pâtisserie	la pleine lune
dans la classe	quel dommage!	ils déménagent
un abricot mûr	durant l'hiver	un cahier neuf

- Note le temps mis pour la lecture aux 1er, 2e, 3e essais.
- Calcule ton score en comptant deux points par bonne réponse aux questions; note-le.

9. D'UN SEUL COUP D'ŒIL

Pour chaque exercice de cette page, lis chaque colonne en faisant descendre ton regard le long du trait. Tes yeux doivent fixer le trait et saisir en une seule fois le mot ou le groupe de mots. Reporte-toi ensuite aux questions page 38.

11 à 15 lettres ou espaces

bon courage	les piétons	elle plonge
à l'hôpital	une mouette	de la craie
en fourrure	au diable!	un aviateur
il fait nuit	quelque part	sur la plage
une addition	un perroquet	des moineaux
des platanes	un menuisier	il nage bien
à huit heures	un pourboire	un stylo bleu
du chou-fleur	dans l'immeuble	un réel souci
tu fais signe	un tapis roulant	quarante fois
un plat sucré	il va au stade	il est furieux
bande dessinée	un crayon vert	un cultivateur
une hirondelle	une expérience	il a la grippe
un timbre rare	des gants noirs	un feu de bois
la gorge enflée	gare ta voiture	une inondation
sur le trottoir	à bout de nerfs	un beau paysage

10. D'UN SEUL COUP D'ŒIL

12 à 15 lettres ou espaces

les pompiers	les journaux	à la rentrée
un radiateur	un ping-pong	sur le sable
il est tombé	en plastique	une perceuse
sur la scène	un pull chaud	un cosmonaute
difficilement	un volet bleu	un craquement
il a une scie	en zone libre	l'instituteur
jus de citron	c'est ridicule	une casquette
une riche idée	un gros jambon	il est peureux
le renard dort	des chaussures	un plan secret
une balançoire	faire un nœud	c'est pratique
en bonne santé	sauter de joie	ne gaspille pas
un petit enfant	la porte claque	une bague en or
la bibliothèque	un dictionnaire	une jupe longue
dans le désert	agent de police	quel désordre!
un toit en tôle	au mois de mars	mange à ta faim

- Note le temps mis pour la lecture aux 1ᵉʳ, 2ᵉ, 3ᵉ essais.
- Calcule ton score en comptant deux points par bonne réponse aux questions; note-le.

QUESTIONS

1. D'un seul coup d'œil

As-tu vu ces mots ou ces expressions dans une des trois colonnes?

- la villa
- wagon
- hésiter
- un clou
- une bille
- la lune
- le pin
- le chef
- sauter
- un rat

2. D'un seul coup d'œil

As-tu vu ces mots ou ces expressions dans une des trois colonnes?

- fragile
- un miracle
- à la mer
- des pâtes
- l'usine
- tais-toi
- les bottes
- l'herbe
- hélas!
- le gaz

3. D'un seul coup d'œil

As-tu vu ces mots ou ces expressions dans une des trois colonnes?

- un repas
- la source
- un château
- en panne
- la voile
- silence!
- un merle
- à la gare
- en flamme
- la lampe

4. D'un seul coup d'œil

As-tu vu ces mots ou ces expressions dans une des trois colonnes?

- le calcul
- la jeunesse
- des cadeaux
- on a sonné
- en vacances
- sur le pont
- une cabane
- le seigneur
- un joli nom
- un buisson

5. D'un seul coup d'œil

As-tu vu ces mots ou ces expressions dans une des trois colonnes?

- au revoir
- le courrier
- l'araignée
- la couture
- un inconnu

- le sommet
- le musicien
- une dactylo
- un coffre
- un accident

6. D'un seul coup d'œil

As-tu vu ces mots ou ces expressions dans une des trois colonnes?

- le téléphone
- le gendarme
- j'ai sommeil
- les assiettes
- en route!

- la télévision
- un éléphant
- la grand-mère
- une bouteille
- en musique

7. D'un seul coup d'œil

As-tu vu ces mots ou ces expressions dans une des trois colonnes?

- joyeux Noël!
- un parc à jeux
- la couverture
- en équilibre
- il fait chaud

- un chiffon
- la grammaire
- des ciseaux
- c'est curieux
- un vrai génie

8. D'un seul coup d'œil

As-tu vu ces mots ou ces expressions dans une des trois colonnes?

- la ménagerie
- un gros rhume
- un ciel bleu
- quel dommage!
- impossible

- un cri perçant
- une chose étrange
- la pleine lune
- à la frontière
- les pigeons

9. D'un seul coup d'œil

As-tu vu ces mots ou ces expressions dans une des trois colonnes?

- une lame coupante
- il fait nuit
- gare ta voiture
- des œufs durs
- au diable!

- tout mouillé
- il est furieux
- un timbre rare
- des cailloux
- perdre au jeu

10. D'un seul coup d'œil

As-tu vu ces mots ou ces expressions dans une des trois colonnes?

- toute la semaine
- un volet bleu
- un cauchemar
- un plan secret
- sauter de joie

- un terrain boueux
- la bibliothèque
- sur le sable
- en plein soleil
- un train bondé

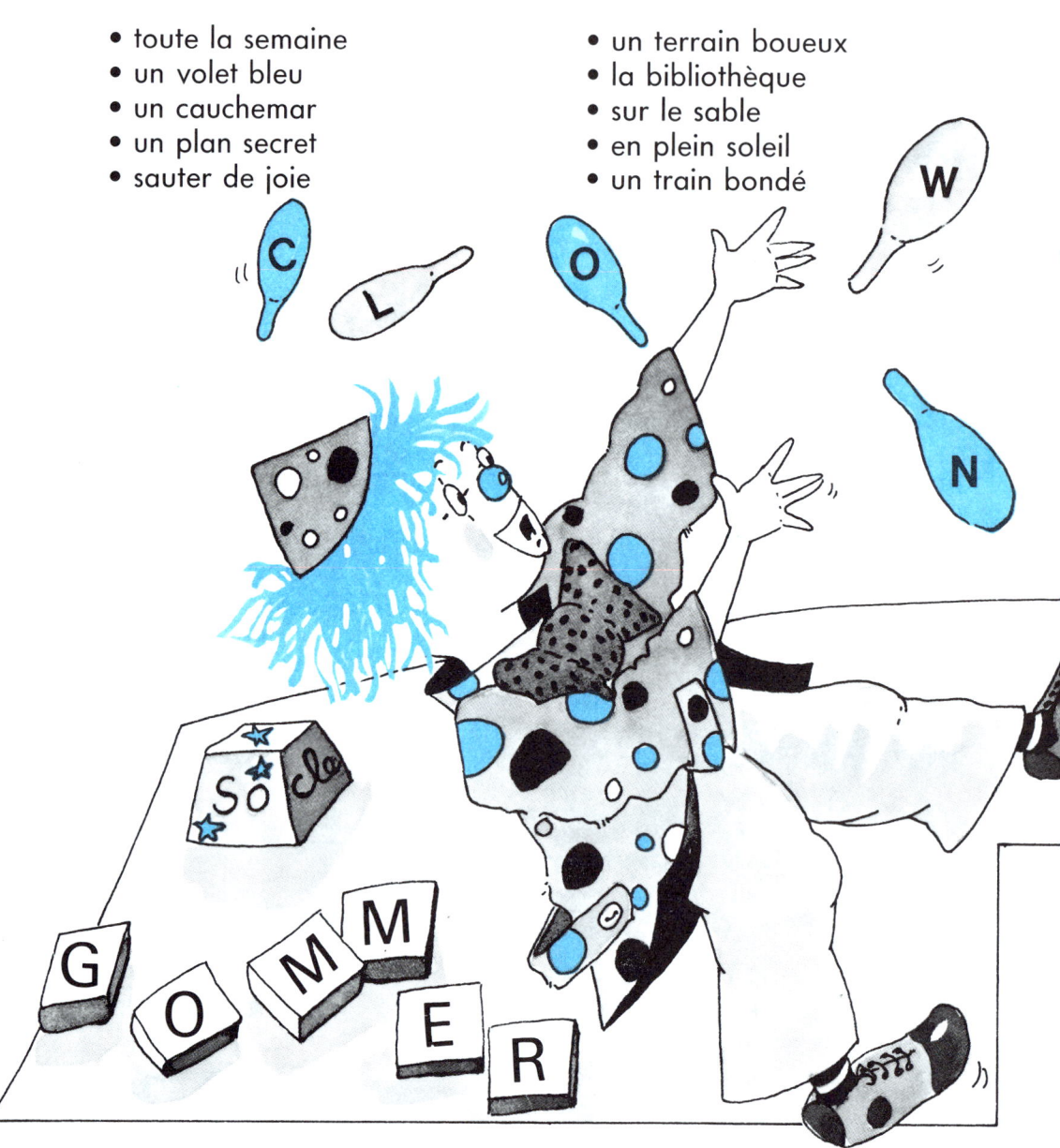

3
UN ESPRIT AGILE

Un œil habile, doué de précision et voyant beaucoup à la fois, c'est un atout majeur pour bien lire.

Un autre atout à mettre dans ton jeu, c'est d'acquérir un *esprit vif, alerte,* toujours prêt à jongler avec les mots et les phrases. Ce chapitre y est consacré.

**LA TROISIÈME QUALITÉ DU BON LECTEUR ?
UN ESPRIT EN ÉVEIL...**

A

Pour chacun des exercices suivants :

- Note le temps mis aux 1er, 2e, 3e essais.
- Calcule ton score en comptant deux points par mot trouvé ; note-le.

1. COMME UN RADAR

Parcours rapidement les listes de l'exercice « D'un seul coup d'œil » n° 1 (p. 31). Tu dois y trouver et noter :

1) les noms d'animaux,
2) les noms de boissons,
3) les noms de chiffres.

2. COMME UN RADAR

Parcours rapidement les listes de l'exercice « D'un seul coup d'œil » n° 2 (p. 31). Tu dois y trouver et noter les mots désignant :

1) un mois de l'année,
2) une partie de la maison,
3) un aliment.

3. COMME UN RADAR

Parcours rapidement les listes de l'exercice « D'un seul coup d'œil » n° 3 (p. 32). Tu dois y trouver et noter les mots :

1) se rapportant à la famille,
2) désignant une partie du corps.

4. COMME UN RADAR

Parcours rapidement les listes de l'exercice « D'un seul coup d'œil » n° 4 (p. 32). Tu dois y trouver et noter :

1) les mots désignant un spectacle,
2) les mots désignant un objet sur lequel on écrit,
3) les noms d'arbres.

5. COMME UN RADAR

Parcours rapidement les listes de l'exercice « D'un seul coup d'œil » n° 5 (p. 33). Tu dois y trouver et noter :

1) les noms de fruits,
2) les mots désignant quelque chose qui sert à construire une maison,
3) les mots qui font penser à la mer.

Pour chacun des exercices suivants :

- Note le temps mis aux 1er, 2e, 3e essais.
- Calcule ton score en comptant deux points par mot trouvé ; note-le.

6. COMME UN RADAR

Parcours rapidement les listes de l'exercice « D'un seul coup d'œil » n° 6 (p. 33). Tu dois y trouver et noter :

1) les mots désignant une saison,
2) les mots qui font penser à la campagne,
3) les mots désignant un bijou.

7. COMME UN RADAR

Parcours rapidement les listes de l'exercice « D'un seul coup d'œil » n° 7 (p. 34). Tu dois y trouver et noter :

1) les mots désignant un meuble,
2) les mots désignant une pièce de la maison,
3) les expressions se rapportant au temps qu'il fait.

8. COMME UN RADAR

Parcours rapidement les listes de l'exercice « D'un seul coup d'œil » n° 8 (p. 34). Tu dois y trouver et noter :

1) les noms de fruits,
2) les mots se rapportant à l'école,
3) les mots désignant un magasin.

9. COMME UN RADAR

Parcours rapidement les listes de l'exercice « D'un seul coup d'œil » n° 9 (p. 35). Tu dois y trouver et noter :

1) les noms d'oiseaux,
2) les mots désignant quelque chose qui sert à écrire,
3) les noms de métiers.

10. COMME UN RADAR

Parcours rapidement les listes de l'exercice « D'un seul coup d'œil » n° 10 (p. 35). Tu dois y trouver et noter les mots désignant :

1) un bruit,
2) un vêtement,
3) un jeu,
4) un outil.

B — 1. TERMINE LA PHRASE

Trois fins de phrases te sont proposées (a, b, c.) Choisis celle qui convient.

B 1. Quand j'ai soif, je bois
- du vinaigre. *(a)*
- de l'eau. *(b)*
- du sirop pour la toux. *(c)*

A 2. Son père lui dit d'un ton joyeux :
- « joyeux anniversaire! ». *(a)*
- « ton travail est nul ». *(b)*
- « le chien est mort ». *(c)*

A 3. Lorsque la nuit tombe,
- on allume la lumière. *(a)*
- on va à l'école. *(b)*
- on se fait mal. *(c)*

B 4. Jessica a trop traîné, elle risque
- d'éclater de rire. *(a)*
- d'être en retard. *(b)*
- de grossir. *(c)*

C 5. Je tombe de sommeil, il est temps
- de me lever. *(a)*
- de me doucher. *(b)*
- de me coucher. *(c)*

B 6. Il va pleuvoir,
- je prends mon sac. *(a)*
- je prends mon parapluie. *(b)*
- je prends un mouchoir. *(c)*

C 7. Le jardinier achète des graines
- pour mettre la table. *(a)*
- pour planter des lapins. *(b)*
- pour planter des fleurs. *(c)*

A 8. Christophe se frotte les mains
- parce qu'il est perdu. *(a)*
- parce qu'il est content. *(b)*
- parce qu'il a soif. *(c)*

A 9. Arrête de manger,
- tu vas avoir une indigestion. *(a)*
- tu vas avoir un rhume. *(b)*
- tu vas t'envoler. *(c)*

A 10. Marie dévore son livre de bibliothèque
- parce qu'elle a faim. *(a)*
- parce que son chat est gris. *(b)*
- parce qu'il est passionnant. *(c)*

• Calcule ton score en comptant deux points par réponse exacte; note-le.

2. TERMINE LA PHRASE

Trois fins de phrases te sont proposées (a, b, c.) Choisis celle qui convient.

B 1. La baignoire fuit, maman appelle
- le facteur. *(a)*
- le plombier. *(b)*
- le boucher. *(c)*

C 2. La voiture est en panne, il faut la porter
- chez le charcutier. *(a)*
- chez le boulanger. *(b)*
- chez le garagiste. *(c)*

3. Donnez-moi votre ordonnance, je vais la porter
- chez le pharmacien. *(a)*
- chez le pâtissier. *(b)*
- chez le maçon. *(c)*

C 4. Quand je veux un yaourt, j'ouvre la porte
- du poulailler. *(a)*
- du grenier. *(b)*
- du réfrigérateur. *(c)*

B 5. Le voyageur court après le train :
- il est dans un bois. *(a)*
- il est dans une gare. *(b)*
- il est dans un magasin. *(c)*

C 6. Quand il y a une panne de courant,
- on va à la pêche. *(a)*
- on joue à la balle. *(b)*
- on s'éclaire avec une bougie. *(c)*

B 7. Ne vous faites pas de souci :
- tout va mal. *(a)*
- tout est arrangé. *(b)*
- tout est en miettes. *(c)*

A 8. Les enfants se sont mis en pyjama
- avant d'aller se coucher. *(a)*
- avant d'aller dans les bois. *(b)*
- avant d'aller au judo. *(c)*

C 9. J'aime bien l'été
- parce que les arbres sont roux. *(a)*
- parce que je vais faire du ski. *(b)*
- parce que je pars en vacances au bord de la mer. *(c)*

B 10. J'aime bien l'hiver
- parce que les arbres se couvrent de feuilles. *(a)*
- parce que je peux faire des bonhommes de neige. *(b)*
- parce qu'il fait beau et chaud. *(c)*

• Calcule ton score en comptant deux points par réponse exacte ; note-le.

3. TERMINE LA PHRASE

Trois fins de phrases te sont proposées (a, b, c.) Choisis celle qui convient.

1. Le téléphone n'arrête pas
   - de crier. *(a)*
   - de sonner. *(b)*
   - de danser. *(c)*

2. L'orage est là, j'ai vu
   - des étoiles. *(a)*
   - une fusée. *(b)*
   - un éclair. *(c)*

3. Thomas est courageux :
   - il a affronté le danger. *(a)*
   - il a poussé des hurlements. *(b)*
   - il s'est enfui à toute vitesse. *(c)*

4. Le lac est gelé, on va pouvoir
   - faire du bateau. *(a)*
   - se baigner. *(b)*
   - patiner. *(c)*

5. J'ai faim, je vais bientôt
   - partir en vacances. *(a)*
   - dîner. *(b)*
   - faire mes devoirs. *(c)*

6. Je me lave
   - afin d'être propre. *(a)*
   - afin d'être bon en calcul. *(b)*
   - afin d'être en retard. *(c)*

7. La chèvre est agile :
   - elle a deux chevreaux. *(a)*
   - elle mange beaucoup d'herbe. *(b)*
   - elle saute par-dessus les fossés. *(c)*

8. Donne-moi ton cahier, je vais le ranger
   - dans l'armoire à pharmacie. *(a)*
   - dans ton cartable. *(b)*
   - dans ton lit. *(c)*

9. Voici le terminus, les voyageurs s'empressent
   - d'éternuer. *(a)*
   - de bâiller. *(b)*
   - de descendre. *(c)*

10. Si vous voyagez sans billet,
    - vous aurez une amende. *(a)*
    - vous aurez une récompense. *(b)*
    - vous aurez une carte postale. *(c)*

• Calcule ton score en comptant deux points par réponse exacte ; note-le.

C — 1. CHASSE LE PIRATE

Les mots de chaque série (1, 2, 3...) ont un point commun, sauf un.
1) Quel est le mot qui ne convient pas, le mot pirate?
2) Quel est le point commun aux autres mots?

top chrono...

1. février - juillet - mai - printemps - avril - janvier - mars - septembre - novembre - octobre.

2. il siffle - il crie - il chante - il appelle - il travaille - il hurle - il tape - il braille.

3. la gare - les rails - un aéroport - une locomotive - des wagons - un train - un passage à niveau - la voie ferrée.

4. une mouche - une guêpe - un moustique - l'abeille - des moucherons - la bouche - un papillon - des fourmis - une puce.

5. une lettre - le facteur - le courrier - le télégramme - des timbres - une carte postale - la boîte aux lettres - l'alphabet - le code postal.

6. agréable - gentil - loyal - mignon - adroit - joli - menteur - sympathique - poli - serviable.

7. une tente - un sac de couchage - un sac à dos - camper - une tante - un lit de camp - un duvet - un terrain de camping - une caravane - un camping-car.

8. judo - équitation - ski - football - ping-pong - natation - souvenir - boxe - volley-ball - hand-ball.

9. un voilier - un sous-marin - une barque - un navire - le paquebot - un radeau - un hélicoptère - un canot de sauvetage - un canoë.

10. les mathématiques - l'orthographe - l'Histoire - la lecture - la géographie - l'autoroute - la grammaire - le vocabulaire - les sciences.

... top chrono

- Note le temps mis aux 1ᵉʳ, 2ᵉ essais.
- Calcule ton score en comptant un point par réponse exacte; note-le.

45

2. CHASSE LE PIRATE

Les mots de chaque série (1, 2, 3...) ont un point commun, sauf un.
1) *Quel est le mot qui ne convient pas, le mot pirate?*
2) *Quel est le point commun aux autres mots?*

top chrono...

1. une chaussure - des souliers - des gants - des chaussettes - des bottes - des pantoufles - une sandale.

2. marteau - pince - tenailles - tournevis - balai - scie - pioche - pelle - hache - lime.

3. crème - glace à la framboise - compote - tarte - gâteau - yaourt - poulet - mousse au chocolat - confiture - flan aux pommes.

4. frotter - brosser - balayer - laver - savonner - lessiver - détacher - courir - se baigner - se doucher.

5. rhume - oreillons - rubéole - varicelle - rougeole - lumière - grippe - otite - bronchite - coqueluche - angine.

6. cheminée - briquet - allumette - flamme - four - chaudière - chauffage - mouchoir - radiateur - fumée - fourneau.

7. épicier - médecin - jardinier - cordonnier - menuisier - boulanger - coiffeur - dentiste - mairie - libraire - douanier.

8. pommier - pin - palmier - sapin - chêne - nuage - châtaignier - cerisier - oranger - platane - poirier.

9. primevère - myosotis - pâquerette - œillet - pensée - pivoine - tulipe - rose - lilas - tapis - camélia.

10. magasin - achat - commerçant - acheter - vendeur - faire ses courses - supermarché - payer - faire son marché - faire son lit - bazar.

... top chrono

- Note le temps mis aux 1er, 2e essais.
- Calcule ton score en comptant un point par réponse exacte; note-le.

3. CHASSE LE PIRATE

Les mots de chaque liste (1, 2, 3...) ont un point commun, sauf un.
1) Quel est le mot qui ne convient pas, le mot pirate?
2) Quel est le point commun aux autres mots?

top chrono...

1.	2.	3.	4.
du potage	un lion	un requin	des carottes
du dessert	un tigre	une sole	des poireaux
des légumes	une girafe	une anguille	une salade
la viande	un panier	une baleine	un navet
le désert	un chameau	un maquereau	des haricots verts
des frites	un taureau	un thon	des petits pois
la purée	un gorille	une morue	une tomate
du rôti	le loup	une limande	une banane
des hors-d'œuvre	un éléphant	une sardine	une pomme de terre
du jambon	un singe	un caniche	du chou rouge
un sandwich	une panthère	une truite	du maïs

5.	6.	7.	8.
violon	jaune	cabane	ballon
piano	rouge	hutte	poupée
tambour	vert	château	balle
harmonica	gentil	igloo	dominos
orgue	bleu	villa	cartes à jouer
guitare	violet	maison	balance
revolver	blanc	village	balançoire
violoncelle	gris	palais	billes
flûte	marron	immeuble	cubes
accordéon	noir	chaumière	jeu de boules
trompette	beige	appartement	corde à sauter
clarinette	brun	manoir	toupie

9.	10.
tennis	douze
karaté	soixante-neuf
planche à voile	six
gymnastique	vingt
voile	quatorze
hockey sur glace	seize
cube de glace	dix-sept
rugby	vin
cyclisme	deux
basket-ball	quatre
patin à glace	quinze
saut en hauteur	trente-trois

... top chrono

- Note le temps mis aux 1er, 2e essais.
- Calcule ton score en comptant un point par réponse exacte; note-le.

4. CHASSE LE PIRATE

Les mots de chaque liste (1, 2, 3...) ont un point commun, sauf un ou deux.

1) *Quels sont les mots qui ne conviennent pas?*
2) *Quel est le point commun aux autres mots?*

top chrono...

1.	2.	3.	4.
colis	couloir	carnet	bicyclette
sac	grenier	des copies	mobylette
cartable	salon	cahier	noisette
bagage	salle à manger	papier	autobus
étable	plafond	stylo	moto
panier	cave	gomme	autocar
paquet	chambre à coucher	crayon	camion
orage	cuisine	fusil	vélomoteur
malle	salle de bains	classeur	train
valise	entrée	encre	automobile

5.	6.	7.	8.
tante	chaise	fenêtre	tilleul
parrain	berceau	toit	falaise
marraine	table	cheminée	plage
mère	fauteuil	vitre	marée haute
ongle	divan	mur	côte
cousin	lit	porte	dune
cousine	banc	balcon	algue
neveu	journal	chemin	vague
nièce	tabouret	voleur	prairie
grand-père	armoire	volet	crustacé
marin	buffet	des marches	moule
fils	canapé	perron	vague

... top chrono

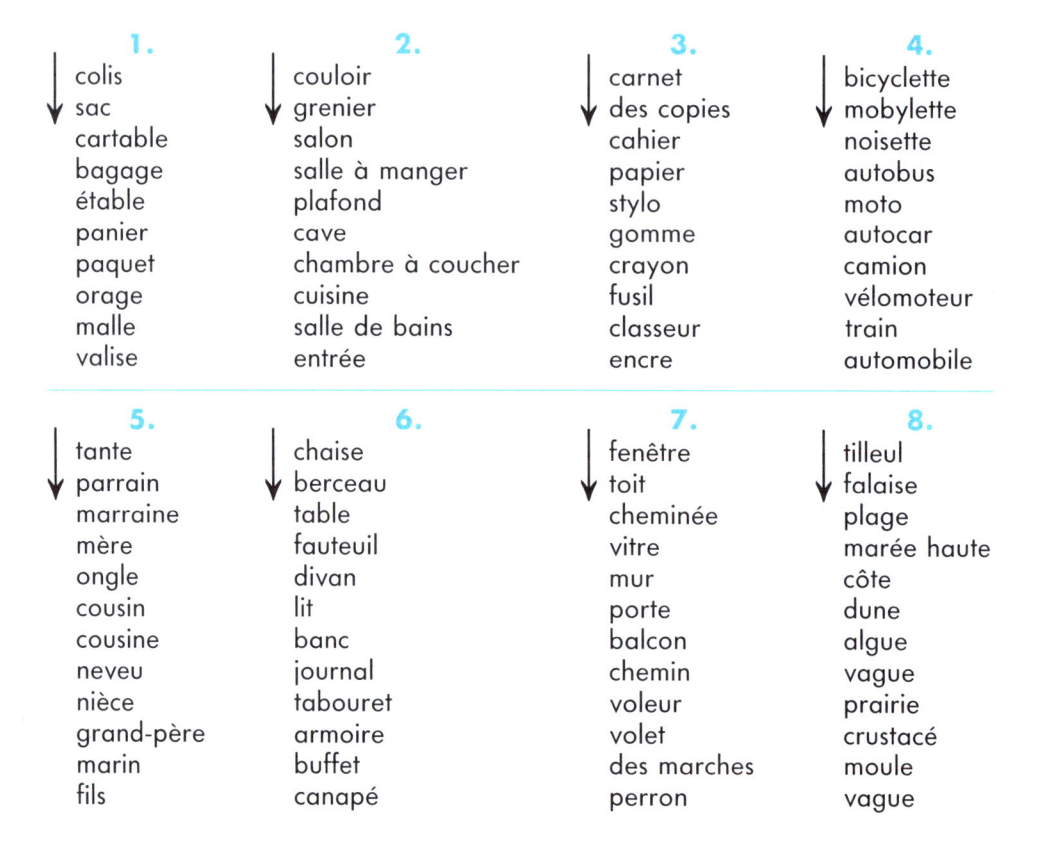

- Note le temps mis aux 1er, 2e essais.
- Calcule ton score en comptant un point par réponse exacte; note-le.

4

UNE MÉMOIRE FIDÈLE

Et la mémoire ? Sans elle, tu ne pourrais comprendre ce que tu lis. En effet, lorsque tu arrives aux derniers mots d'une phrase, il faut que tu te souviennes des premiers. Sinon la phrase ne signifie rien.

Là encore, il existe de grandes différences entre les personnes. Le lecteur débutant garde en mémoire très peu de mots. Il lui est donc difficile de comprendre des phrases un peu longues. Le lecteur exercé peut, lui, retenir jusqu'à dix-huit mots et plus.

L'entraînement de ce chapitre va contribuer à *développer ta mémoire* afin de rendre ta lecture plus aisée.

> LA QUATRIÈME QUALITÉ DU BON LECTEUR ?
> UNE BONNE MÉMOIRE...

A

1. LAQUELLE EST EXACTE?

Voici dix phrases. Chacune d'elles est répétée page 52 mais mélangée à deux autres phrases qui lui ressemblent. Retrouve la phrase exacte.

7 ou 8 mots

1. Tous les deux aimaient plonger.
2. L'écolier dévore sa tablette de chocolat.
3. Mon frère prend des cours de piano.
4. Charlotte passe la journée chez sa grand-mère.
5. La forêt est enfouie sous la neige.
6. Les dauphins donnent l'impression d'être toujours gais.
7. Le chien aboie lorsque le facteur arrive.
8. Le rayon de jouets est au troisième étage.
9. Olivier achète des cartes postales pour ses amis.
10. Les enfants se déguisent le jour du carnaval.

• Calcule ton score en comptant deux points par phrase retrouvée; note-le.

2. LAQUELLE EST EXACTE?

Voici dix phrases. Chacune d'elles est répétée page 53 mais mélangée à deux autres phrases qui lui ressemblent. Retrouve la phrase exacte.

8 à 9 mots

1. Le skieur descend la pente à toute allure.
2. Chaque jour, Séverine arrive en retard à l'école.
3. Ma sœur s'est précipitée pour décrocher le téléphone.
4. Le voisin a tenté sa chance au loto.
5. Une jeune femme chantait d'une voix douce.
6. Le chat est grimpé en haut de l'arbre.
7. L'appartement de Thomas se trouve dans une grande tour.
8. Un spectacle de cirque se prépare longtemps à l'avance.
9. Les dunes de sable sont construites par le vent.
10. Tous les passagers ont été sauvés de la noyade.

• Calcule ton score en comptant deux points par phrase retrouvée; note-le.

ENTRAÎNEMENT

3. LAQUELLE EST EXACTE?

Voici dix phrases. Chacune d'elles est répétée page 54 mais mélangée à deux autres phrases qui lui ressemblent. Retrouve la phrase exacte.

9 à 12 mots

1. Cette vieille voiture nous secouait dans tous les sens.
2. L'entrée de la caverne était cachée par des broussailles.
3. La librairie est située à côté de la poste.
4. Une vague s'empara du ballon et le poussa au large.
5. Jacques s'éveilla de bonne humeur et sifflota toute la journée.
6. Cécile vient de passer des vacances à la mer.
7. Les élèves du cours préparatoire sont partis en classe de neige.
8. Le crocodile entrouvre les mâchoires et ses dents brillent au soleil.
9. Nous sommes tirés de notre sommeil par un coup de tonnerre.
10. L'homme grimpa à l'arrière de la voiture qui démarra dans la nuit.

• Calcule ton score en comptant deux points par phrase retrouvée; note-le.

4. LAQUELLE EST EXACTE?

Voici dix phrases. Chacune d'elles est répétée page 55 mais mélangée à deux autres phrases qui lui ressemblent. Retrouve la phrase exacte.

12 à 13 mots

1. La chèvre est grimpée dans l'arbre pour trouver sa nourriture.
2. Bruno dessine des autos dans les marges de son cahier de brouillon.
3. Les enfants préparent une maison de carton pour abriter les deux souris blanches.
4. Un peu plus loin, quelques hommes robustes, armés de bâtons, montaient la garde.
5. Le renard avait une mine superbe, le poil luisant et le ventre rebondi.
6. Les moutons et les chèvres ont certainement été les premiers animaux d'élevage.
7. C'est la première fois qu'elle est seule dans la rue, en pleine nuit.
8. Le bébé surmonta sa peur et fit quelques pas trébuchants vers sa mère.
9. C'est un rayon de soleil à travers les volets qui réveilla le dormeur.
10. Accroché en haut d'une branche, l'écureuil s'amusait à faire tomber des noisettes.

• Calcule ton score en comptant deux points par phrase retrouvée; note-le.

5. LAQUELLE EST EXACTE?

Voici dix phrases. Chacune d'elles est répétée page 56 mais mélangée à deux autres phrases qui lui ressemblent. Retrouve la phrase exacte.

13 à 14 mots

1. Lorsque le prince entra dans les bois, les buissons s'écartèrent sur son passage.
2. Le rat vivait dans un trou à la lisière d'une forêt de chênes.
3. Le père de mon ami a acheté une vieille ferme qu'il répare et bricole.
4. C'est un monsieur d'une quarantaine d'années qui a une barbe et paraît très aimable.
5. Le roi a fait visiter les quatre-vingt-dix-neuf salles de son château à ses sujets.
6. Le train reste le moyen de transport le plus sûr et le moins cher.
7. La fée touche le bébé de sa baguette magique et lui promet une vie heureuse.
8. Nos amis sont arrivés en retard car leur voiture est tombée en panne d'essence.
9. Nous ne rencontrons personne, sauf parfois un paysan qui marche à côté d'un âne.
10. Les loups affamés sont venus rôder autour de la ferme pour trouver une proie.

• Calcule ton score en comptant deux points par phrase retrouvée; note-le.

1. *Phrases pour l'exercice 1 (page 50)*

1. a) Tous les deux aimaient dormir.
   b) Tous les quatre aimaient plonger.
   c) Tous les deux aimaient plonger.

2. a) L'écolier partage sa tablette de chocolat.
   b) L'écolier dévore sa tablette de chocolat.
   c) L'écolier aime manger du chocolat.

3. a) Mon frère prend des cours de piano.
   b) Mon cousin prend des cours de piano.
   c) Mon frère prend des cours de judo.

4. a) Charlotte passe la nuit chez sa grand-mère.
   b) Charlotte passe la journée chez sa grand-mère.
   c) Charlotte préfère habiter chez sa grand-mère.

5.
  a) La forêt est recouverte de neige.
  b) La maison est recouverte de neige.
  c) La forêt est enfouie sous la neige.

6.
  a) Les dauphins sont toujours gais.
  b) Les dauphins donnent toujours l'impression de jouer.
  c) Les dauphins donnent l'impression d'être toujours gais.

7.
  a) Le chien aboie lorsque le tracteur arrive.
  b) Le chien aboie lorsque le facteur arrive.
  c) Le chien remue la queue lorsque le facteur arrive.

8.
  a) Les jouets sont au troisième étage.
  b) Le rayon de jouets est au sous-sol.
  c) Le rayon de jouets est au troisième étage.

9.
  a) Olivier fait collection de cartes postales.
  b) Olivier achète des cartes postales pour ses amis.
  c) Olivier achète des cartes postales pour ses parents.

10.
  a) Les enfants se déguisent le jour du carnaval.
  b) Les enfants se maquillent le jour du carnaval.
  c) Les enfants se déguisent pour la fête de l'école.

2. *Phrases pour l'exercice 2 (page 50)*

1.
  a) Le cycliste descend la pente à toute allure.
  b) Le skieur remonte la pente à toute allure.
  c) Le skieur descend la pente à toute allure.

2.
  a) Chaque jour, Séverine arrive en avance à l'école.
  b) Chaque jour, Séverine arrive en retard à l'école.
  c) Chaque jour, Séverine manque l'école.

3.
  a) Ma sœur a refusé de décrocher le téléphone.
  b) Ma sœur s'est précipitée pour répondre au téléphone.
  c) Ma sœur s'est précipitée pour décrocher le téléphone.

4.
  a) Le voisin a tenté sa chance au tiercé.
  b) Le voisin a tenté sa chance au loto.
  c) Le voisin a gagné au loto.

5.
  a) Une jeune femme chantait et dansait à la fois.
  b) Une jeune femme chantait d'une voix merveilleuse.
  c) Une jeune femme chantait d'une voix douce.

6.
  a) Le chat est grimpé en haut de l'arbre.
  b) Le chat est grimpé en haut du buffet.
  c) Le chat est resté en haut de l'arbre.

7.
a) L'appartement de Thomas se trouve dans une grande tour.
b) L'appartement de Thomas se trouve dans un grand immeuble.
c) L'appartement de Thomas est très grand.

8.
a) Un spectacle de marionnettes se prépare longtemps à l'avance.
b) Un spectacle de cirque se prépare pendant deux mois.
c) Un spectacle de cirque se prépare longtemps à l'avance.

9.
a) Les dunes de sable sont poussées par le vent.
b) Les dunes de sable sont construites par le vent.
c) Les dunes de sable sont balayées par le vent.

10.
a) Tous les voyageurs ont été sauvés de la noyade.
b) Tous les passagers ont été sauvés lors de l'accident.
c) Tous les passagers ont été sauvés de la noyade.

3. Phrases pour l'exercice 3 (page 51)

1.
a) Cette vieille camionnette nous secouait dans tous les sens.
b) Cette vieille voiture nous secouait dans tous les sens.
c) Cette vieille voiture s'arrêtait à chaque côte.

2.
a) L'entrée de la caverne était cachée par des broussailles.
b) Des broussailles ont brûlé devant l'entrée de la caverne.
c) L'entrée de la caverne était envahie par les broussailles.

3.
a) La librairie est située à côté de la poste.
b) La librairie est située en face de la poste.
c) Une librairie a remplacé la poste.

4.
a) Une vague s'empara du canoë et le poussa au large.
b) Une vague s'empara du ballon et le poussa sur la plage.
c) Une vague s'empara du ballon et le poussa au large.

5.
a) Jacques s'éveilla à l'aube et sifflota toute la journée.
b) Jacques s'éveilla de bonne humeur et sifflota toute la journée.
c) Jacques s'éveilla de bonne humeur et se mit à travailler.

6.
a) Cécile vient de revenir de vacances.
b) Cécile vient de passer des vacances à la montagne.
c) Cécile vient de passer des vacances à la mer.

7.
a) Les élèves du cours préparatoire sont partis en classe de mer.
b) Les élèves du cours préparatoire sont partis en promenade au zoo.
c) Les élèves du cours préparatoire sont partis en classe de neige.

8.
a) Le crocodile entrouvre les mâchoires et ses dents brillent au soleil.
b) Le crocodile entrouvre les mâchoires et dévore le naufragé.
c) Le lion entrouvre les mâchoires et ses dents brillent au soleil.

9.
a) Nous sommes tirés de notre sommeil par un coup de poing.
b) Nous sommes tirés de notre sommeil par un coup de tonnerre.
c) Nous sommes tirés de notre sommeil par un fracas épouvantable.

10.
a) L'homme grimpa à l'arrière de la voiture qui dérapa dans la nuit.
b) L'homme grimpa à l'arrière de la voiture qui démarra tous feux éteints.
c) L'homme grimpa à l'arrière de la voiture qui démarra dans la nuit.

4. Phrases pour l'exercice 4 (page 51)

1.
a) La chèvre est grimpée dans la montagne pour trouver sa nourriture.
b) La chèvre est grimpée dans l'arbre pour manger des feuilles.
c) La chèvre est grimpée dans l'arbre pour trouver sa nourriture.

2.
a) Bruno dessine des avions dans les marges de son cahier de brouillon.
b) Bruno dessine des autos dans les marges de son cahier de brouillon.
c) Bruno dessine des autos sur les murs de sa chambre.

3.
a) Les enfants préparent une maison de carton pour abriter les deux souris blanches.
b) Les enfants préparent une toute petite maison pour abriter les deux souris blanches.
c) Les enfants préparent une maison de carton pour jouer aux Indiens.

4.
a) Un peu plus loin, quelques hommes robustes, armés de fusils, montaient la garde.
b) Un peu plus loin, quelques hommes robustes, armés de bâtons, montaient la garde.
c) Un peu plus loin, quelques hommes robustes, armés de bâtons, chassaient les ennemis.

5.
a) Le renard avait un air moqueur, le poil luisant et le ventre rebondi.
b) Le renard avait une mine superbe et s'apprêtait à bondir.
c) Le renard avait une mine superbe, le poil luisant et le ventre rebondi.

6.
a) Les moutons et les chèvres ont certainement regagné l'étable.
b) Les moutons et les chèvres ont certainement été les premiers animaux d'élevage.
c) Les moutons et les chèvres sont certainement les meilleurs animaux d'élevage.

7.
a) C'est la dernière fois qu'elle est seule dans la rue, en pleine nuit.
b) C'est la première fois qu'elle est seule dans les bois, en pleine nuit.
c) C'est la première fois qu'elle est seule dans la rue, en pleine nuit.

8. a) Le bébé surmonta sa peur et lâcha la main de sa mère.
b) Le bébé surmonta sa peur et fit quelques pas trébuchants à travers la pièce.
c) Le bébé surmonta sa peur et fit quelque pas trébuchants vers sa mère.

9. a) C'est un rayon de soleil à travers les volets qui réveilla le dormeur.
b) C'est un rayon de lune à travers les volets qui réveilla le dormeur.
c) Un rayon de soleil illumina la chambre.

10. a) Accroché en haut de l'arbre, l'écureuil s'amusait à faire tomber des noisettes.
b) Accroché en haut d'une branche, l'écureuil s'amusait à faire tomber de la neige.
c) Accroché en haut d'une branche, l'écureuil s'amusait à faire tomber des noisettes.

5. Phrases pour l'exercice 5 (page 52)

1. a) Lorsque le prince entra dans les bois, les arbres s'écartèrent sur son passage.
b) Lorsque le prince entra dans les bois, les buissons s'écartèrent sur son passage.
c) Lorsque le prince entra dans les bois, les buissons se mirent à murmurer sur son passage.

2. a) Le rat a creusé un trou à la lisière d'une forêt de chênes.
b) Le rat vivait dans un trou bien caché aux yeux de tous.
c) Le rat vivait dans un trou à la lisière d'une forêt de chênes.

3. a) Le père de ma voisine a acheté une vieille ferme qu'il répare et bricole.
b) Le père de mon ami a acheté une vieille ferme qu'il répare et bricole.
c) Le père de mon ami a acheté une vieille ferme qui est presque en ruines.

4. a) C'est un monsieur d'une quarantaine d'années qui a une moustache et paraît très aimable.
b) C'est un monsieur d'une quarantaine d'années qui a une barbe et paraît très aimable.
c) C'est un monsieur d'une quarantaine d'années qui a une barbe et ne sourit jamais.

5. a) Le roi a fait visiter les quatre-vingt-dix-neuf salles de son château à ses sujets.

b) Le roi a fait réparer les quatre-vingt-dix-neuf salles de son château par ses sujets.
c) Le roi a fait visiter les quatre-vingt-dix-neuf salles de son château à ses nombreux invités.

6. a) Le train est un moyen de transport rapide et peu coûteux.
b) Le train reste le moyen de transport le plus sûr et le moins cher.
c) Le train est le moyen de transport que je préfère.

7. a) La sorcière touche le bébé de sa baguette magique et lui promet une vie heureuse.
b) La fée touche le bébé de sa baguette magique et lui jette un sort.
c) La fée touche le bébé de sa baguette magique et lui promet une vie heureuse.

8. a) Nos amis sont arrivés en retard car ils ont raté le train.
b) Nos amis sont arrivés en retard car leur voiture est tombée en panne d'essence.
c) Nos amis sont arrivés en retard car ils se sont perdus dans la ville.

9. a) Nous ne rencontrons personne, sauf parfois un voyageur égaré qui demande son chemin.
b) Nous ne rencontrons personne, sauf parfois un paysan lourdement chargé.
c) Nous ne rencontrons personne, sauf parfois un paysan qui marche à côté d'un âne.

10. a) Les monstres affamés sont venus rôder autour de la ferme pour trouver une proie.
b) Les loups affamés sont venus rôder autour de la ferme pour trouver une proie.
c) Les loups affamés sont venus rôder autour de la ferme et ont tué un mouton.

B

1. DES MOTS EFFACÉS

Lis ces sept phrases à la suite. Chaque phrase a été reprise page 61 mais des mots ne sont plus lisibles. A toi de les retrouver.

1. Le hérisson sort seulement au coucher du soleil.
2. Le renard vit seul et chasse surtout la nuit.
3. Les pingouins vivent dans des pays très froids.
4. Le seul ennemi du gorille, c'est le léopard.
5. Le cerveau d'un singe nouveau-né est déjà aussi gros que celui de ses parents.
6. Quand il se sent en danger, le hérisson rassemble ses pattes sous son ventre et se roule en boule.
7. Le dromadaire peut parcourir de longues distances sans boire.

• Calcule ton score en comptant deux points par mot exact; note-le.

2. DES MOTS EFFACÉS

Lis ces six phrases à la suite. Chaque phrase a été reprise page 62 mais des mots ne sont plus lisibles. A toi de les retrouver.

1. Le verglas est responsable de milliers d'accidents.
2. Un brouillard matinal est souvent signe de beau temps.
3. Il n'y a pas deux flocons de neige exactement semblables.
4. La météorologie étudie le temps qu'il fait et prévoit aussi le temps qu'il va faire.
5. Les pins et les sapins conservent des aiguilles toute l'année.
6. Les igloos sont des maisons faites avec de la neige et de la glace.

• Calcule ton score en comptant deux points par mot exact; note-le.

3. DES MOTS EFFACÉS

Lis ces deux passages à la suite. Chaque passage est repris page 62 mais des mots ne sont plus lisibles. A toi de les retrouver.

Un entraînement sérieux

Un artiste de cirque s'entraîne chaque jour pendant des heures. Ces heures d'exercice sont indispensables pour que le spectacle soit parfait mais aussi pour éviter un accident terrible car presque tous les numéros sont dangereux.

La motoneige

Dans les régions polaires, la motoneige est le moyen de transport le plus utilisé à l'heure actuelle. Elle a amélioré le sort des habitants de ces régions. La motoneige a pris la place du traîneau à chiens. Le courrier est distribué en motoneige. Les médecins se déplacent en motoneige. Ce véhicule est capable d'effectuer n'importe quel trajet sur une voie bloquée par la neige.

D'après *Le Canada d'aujourd'hui*, janvier 1980.

- Calcule ton score en comptant deux points par mot exact; note-le.

4. DES MOTS EFFACÉS

Lis ces deux passages à la suite. Chaque passage est repris page 62 mais des mots ne sont plus lisibles. A toi de les retrouver.

Des radeaux bien équipés

Les avions qui volent au-dessus des mers emportent des radeaux de sauvetage pneumatiques se gonflant automatiquement. Le radeau a de la nourriture, des rames, une radio, des fusées éclairantes et de la teinture voyante pour pouvoir être repéré par les sauveteurs.

Les serpents et leurs proies

Les serpents ont deux manières de tuer leurs proies avant de les avaler : s'ils sont venimeux, ils les paralysent avec leur venin; s'ils ne sont pas venimeux, ils les étouffent avec leurs anneaux.

G. Barthélemy, *Les Animaux et leurs secrets*, F. Nathan.

- Calcule ton score en comptant deux points par mot exact; note-le.

5. DES MOTS EFFACÉS

Lis le texte de haut en bas en suivant les flèches. Tes yeux doivent fixer le trait et lire en une seule fois chaque ligne de la colonne. Le texte a été reproduit page 63 mais il manque des mots. Retrouve-les.

Les fauves

Pendant
l'entracte,
entre les
deux grandes
parties du
spectacle,
on place
autour de
la piste
une solide
grille
haute de
plusieurs
mètres.
C'est la cage
dans laquelle
les fauves
vont travailler.
Avec les
fauves — lions,
tigres
et parfois
panthères —
il existait
deux méthodes,
mais l'une
d'elles ne se
pratique

presque plus.
Autrefois,
en effet,
l'homme
domptait
la bête,
la dominait
en lui
faisant peur,
après l'avoir
mise
en colère.
Cela donnait
des résultats
effrayants,
d'une extrême
violence.
La technique
employée
actuellement
est celle
du « dressage ».
Bien que
l'on continue
à employer
les mots de
« dompteur »,
« dompter »,

l'homme —
ou la femme —
qui prépare
un numéro
apprivoise
la bête,
devient
son ami,
lui donne
confiance.
Cela demande
une patience
extraordinaire,
beaucoup de
sang-froid
et une
très grande
connaissance
des bêtes.
Il faut
arriver
à connaître
parfaitement
leur caractère,
leurs
habitudes,
leurs réactions.

Le Cirque, Clé international.

• Calcule ton score en comptant deux points par mot exact ; note-le.

6. DES MOTS EFFACÉS

*Lis le texte de haut en bas en suivant les flèches. Tes yeux doivent fixer le trait et lire en une seule fois chaque ligne de la colonne.
Le texte a été reproduit page 63 mais il manque des mots. Retrouve-les.*

Les animaux doivent communiquer pour vivre

Un animal	d'animaux	
sauvage	vivent seuls.	en famille
doit entendre,	Chez eux,	ou en société
voir, sentir	le langage	ont besoin de
ce qui	demeure	communiquer
se passe	en général	parfaitement
autour de lui.	peu	entre eux.
Pour trouver	compliqué.	Une simple
sa nourriture,	Ils s'en	erreur peut,
détecter	servent	en effet,
un danger…	habituellement	mettre toute
Mais aussi	pour écarter	la colonie
pour savoir	les autres	en danger.
reconnaître	ou trouver	Ces animaux-là
les autres	un compagnon.	possèdent
et se faire	Mais	souvent
reconnaître.	les animaux	un langage
Beaucoup	qui vivent	compliqué.
	en groupe,	

J.M. Mazin, *Comment les animaux communiquent-ils?*, F. Nathan.

• Calcule ton score en comptant deux points par mot exact; note-le.

1. Phrases pour l'exercice 1 (page 58)

1. Le hérisson sort seulement au .... du soleil.
2. Le renard vit .... et chasse surtout la ....
3. Les pingouins vivent dans des pays très ....
4. Le seul ennemi du gorille, c'est le ....
5. Le cerveau d'un .... nouveau-né est déjà aussi .... que celui de ses parents.
6. Quand il se sent en danger, le hérisson rassemble ses .... sous son ventre et se .... en boule.
7. Le dromadaire peut parcourir de longues distances sans ....

61

2. Phrases pour l'exercice 2 (page 58)

1. Le verglas est responsable de   d'accidents.
2. Un brouillard   est souvent   de beau temps.
3. Il n'y a pas deux flocons de neige exactement   .
4. La météorologie étudie le   qu'il fait et   aussi le temps qu'il va faire.
5. Les pins et les   conservent des   toute l'année.
6. Les igloos sont des   faites avec de la   et de la glace.

3. Textes à compléter pour l'exercice 3 (pages 58-59)

Un entraînement sérieux
Un artiste de cirque s'entraîne chaque jour pendant des   1   . Ces heures d'exercice sont indispensables pour que le   2   soit parfait mais aussi pour éviter un   3   terrible car presque tous les   4   sont dangereux.

La motoneige
Dans les régions polaires, la motoneige est le moyen de   5   le plus utilisé à l'heure actuelle. Elle a amélioré le sort des   6   de ces régions. La motoneige a pris la place du   7   à chiens. Le   8   est distribué en motoneige. Les   9   se déplacent en motoneige. Ce véhicule est capable d'effectuer n'importe quel   10   sur une voie bloquée par la neige.

4. Textes à compléter pour l'exercice 4 (page 59)

Des radeaux bien équipés
Les avions qui volent au-dessus des mers emportent des radeaux de   1   pneumatiques se gonflant   2   . Le radeau a de la nourriture, des rames, une radio, des   3   éclairantes et de la teinture   4   pour pouvoir être   5   par les   6   .

Les serpents et leurs proies
Les serpents ont deux manières de   7   leurs proies avant de les avaler : s'ils sont venimeux, ils les   8   avec leur venin; s'ils ne sont pas venimeux, il les   9   avec leurs   10   .

---

(1) Les numéros sont là pour rendre plus facile la correction.

5. Texte à compléter pour l'exercice 5 (page 60)

Les fauves

Pendant l'entracte, entre les deux grandes parties du ___1___ , on place autour de la piste une solide ___2___ haute de plusieurs mètres. C'est la cage dans laquelle les fauves vont travailler. Avec les fauves — lions, tigres et parfois panthères — il existait deux méthodes, mais l'une d'elles ne se pratique presque plus. Autrefois, en effet, l'homme domptait la bête, la dominait en lui faisant ___3___ , après l'avoir mise en ___4___ . Cela donnait des résultats ___5___ , d'une extrême violence. La technique employée ___6___ est celle du « dressage ». Bien que l'on continue à employer les mots de « ___7___ », « dompter », l'homme — ou la femme — qui prépare un numéro ___8___ la bête, devient son ___9___ , lui donne confiance. Cela demande une ___10___ extraordinaire, beaucoup de sang-froid et une très grande connaissance des bêtes. Il faut arriver à connaître parfaitement leur caractère, leurs habitudes, leurs réactions.

6. Texte à compléter pour l'exercice 6 (page 61)

Les animaux doivent communiquer pour vivre

Un animal sauvage doit entendre, ___1___ , sentir ce qui se passe autour de lui. Pour trouver sa ___2___ , détecter un danger... Mais aussi pour savoir ___3___ les autres et se faire reconnaître.
Beaucoup d'animaux vivent seuls. Chez eux, le ___4___ demeure en général peu compliqué. Ils s'en servent habituellement pour écarter les autres ou trouver un ___5___ .
Mais les animaux qui vivent en ___6___ , en famille ou en société ont besoin de ___7___ parfaitement entre eux. Une simple ___8___ peut, en effet, mettre toute la colonie en ___9___ . Ces animaux-là possèdent souvent un langage ___10___ .

63

j'aime bien les _____ au chocolat.

les _____ jouent avec des _____

ballons

enfants

chat

Gâteaux

A

1. LES MOTS EN DÉSORDRE

Mets les étiquettes dans l'ordre pour retrouver la phrase et écris-la.

4 et 5 mots

1. | est | lac | Le | gelé |
2. | écarté | Tout | danger | est |
3. | blanc | protégé | est | L'ours |
4. | en | est | panne | radio | La |
5. | suis | à | Je | partir | prêt |
6. | le | distribue | courrier | facteur | Le |
7. | senti | danger | La | a | le | gazelle |
8. | la | déjeune | cantine | Françoise | à |
9. | dresse | Le | oreilles | les | lapin |
10. | une | construire | Le | sait | castor | hutte |

• Calcule ton score en comptant deux points par phrase exacte ; note-le.

2. LES MOTS EN DÉSORDRE

Mets les étiquettes dans l'ordre pour retrouver la phrase et écris-la.

5 et 6 mots

1. | les | feu | Le | fauves | éloigne |
2. | se | jour | Le | lever | va |
3. | dans | ruche | habite | L'abeille | une |
4. | reprennent | marche | Indiens | Les | leur |
5. | comme | passe | Tout | se | prévu |
6. | des | lion | rugissements | Le | pousse |
7. | de | Julie | l'école | près | habite |

5

DEVINE, ORGANISE...!

« *Les enfants ne vont pas à l'   le mercredi après-midi.* »

Il manque un mot dans cette phrase. Lequel ? Tu l'as deviné, c'est « école ». Quel est ton secret ?

Ce qui se trouve avant et après le mot effacé, le contexte, t'a sans doute aidé. Le sens général de la phrase fait que tu n'as pas pensé un seul moment aux mots « parapluie », « arbre », « table »... Le mot « classe » pouvait convenir pour le sens. Mais, bien sûr, il était impossible à cause de « à l' ». Tu l'as donc éliminé.

Tu vois que le sens et l'organisation de la phrase permettent de prévoir certains mots. *Plus tu es capable de deviner ce qui va suivre, plus tu lis vite et sans effort.* En effet, au lieu de t'attarder sur chaque mot, il suffit que ton œil de lynx vérifie rapidement si tu ne t'es pas trompé dans tes « pré-visions ».

Alors, tu vas maintenant accroître ton habileté à prévoir, à organiser les textes.

LA CINQUIÈME QUALITÉ DU BON LECTEUR ? ALLER AU-DEVANT DES MOTS...

8.	mouton	en	Le	vit	troupeau
9.	remuent	Les	queues	leurs	écureuils
10.	du	méfie	fermier	Le	renard	se

• Calcule ton score en comptant deux points par phrase exacte ; note-le.

3. LES MOTS EN DÉSORDRE

Mets les étiquettes dans l'ordre pour retrouver la phrase et écris-la.

6 mots

1.	passé	ont	Les	vite	vacances	trop
2.	éclaire	endormi	La	village	lune	le
3.	dure	polaire	mois	La	six	nuit
4.	brouillard	dangereuse	circulation	Le	rend	la
5.	d'eau	a	L'homme	vivre	pour	besoin
6.	à	neige	flocons	La	gros	tombe
7.	une	surprise	Elle	de	pousse	exclamation
8.	moindres	gazelle	les	La	entend	bruits
9.	rafraîchit	soir	campagne	L'air	du	la
10.	étranges	matin	continuèrent	bruits	Les	jusqu'au

• Calcule ton score en comptant deux points par phrase exacte ; note-le.

4. LES MOTS EN DÉSORDRE

Mets les étiquettes dans l'ordre pour retrouver la phrase et écris-la.

7 mots

| 1. | un | défendu | Il | comme | diable | s'est | beau |
| 2. | donne | départ | signal | chef | du | Le | le |

67

3. | a | proie | sur | Le | bondi | tigre | sa |

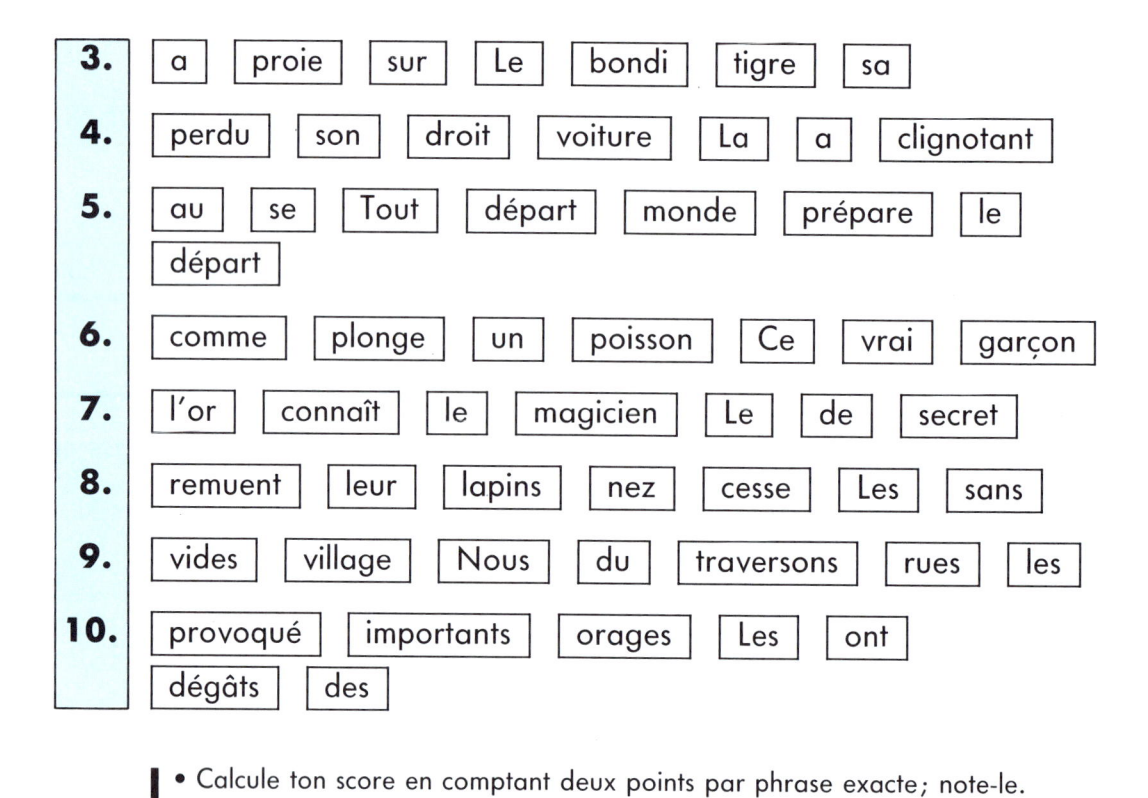

4. | perdu | son | droit | voiture | La | a | clignotant |

5. | au | se | Tout | départ | monde | prépare | le | départ |

6. | comme | plonge | un | poisson | Ce | vrai | garçon |

7. | l'or | connaît | le | magicien | Le | de | secret |

8. | remuent | leur | lapins | nez | cesse | Les | sans |

9. | vides | village | Nous | du | traversons | rues | les |

10. | provoqué | importants | orages | Les | ont | dégâts | des |

• Calcule ton score en comptant deux points par phrase exacte ; note-le.

5. LES MOTS EN DÉSORDRE

Mets les étiquettes dans l'ordre pour retrouver la phrase et écris-la.

8 et 9 mots

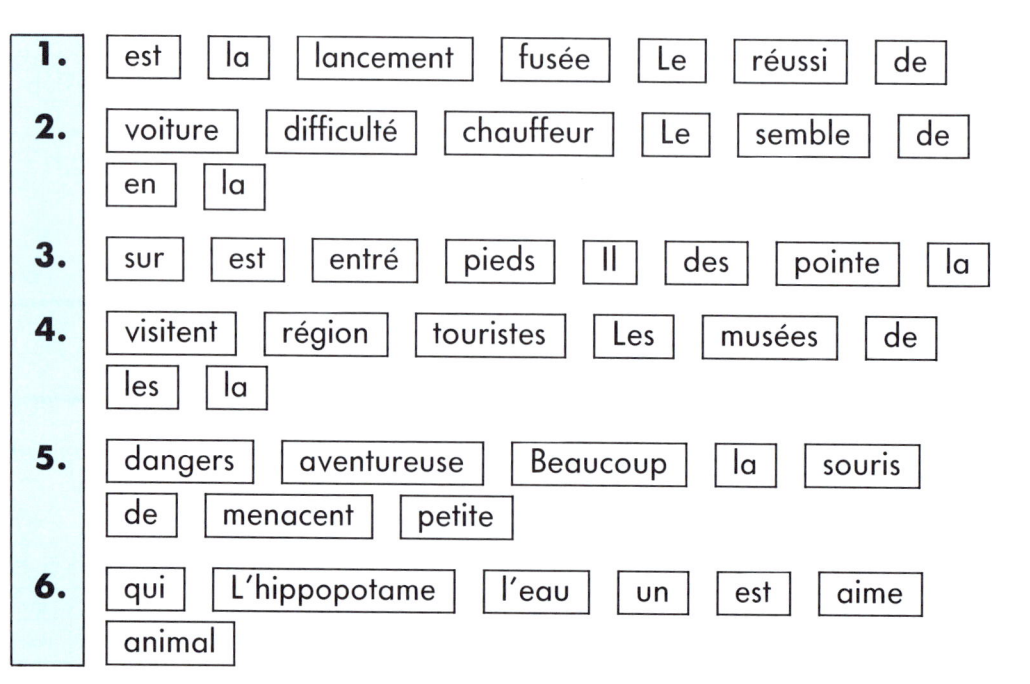

1. | est | la | lancement | fusée | Le | réussi | de |

2. | voiture | difficulté | chauffeur | Le | semble | de | en | la |

3. | sur | est | entré | pieds | Il | des | pointe | la |

4. | visitent | région | touristes | Les | musées | de | les | la |

5. | dangers | aventureuse | Beaucoup | la | souris | de | menacent | petite |

6. | qui | L'hippopotame | l'eau | un | est | aime | animal |

68

7. | terre | la | Les | galeries | taupes | des | creusent | dans |

8. | très | fois | un | Il | timide | petit | une | garçon | était |

9. | bons | Tous | sont | champignons | manger | pas | à | ne | les |

10. | pour | personnes | De | aller | nombreuses | bureau | prennent | au | l'autobus |

• Calcule ton score en comptant deux points par phrase exacte ; note-le.

B

1. LE TEXTE PUZZLE

Les passages de ce texte sont mélangés mais certains ont gardé le numéro de la place qu'ils occupaient. Retrouve l'ordre de l'histoire en donnant le numéro qui convient aux passages qui n'en ont pas.

Les imprudences d'Alexandre

A   Malgré cette position inconfortable, il roule le plus vite possible dans la rue.

B   En voyant la portière s'ouvrir, Alexandre essaie de freiner, mais ses mains sont trop petites pour bien attraper les poignées de frein.

4 C   Une voiture le dépasse et s'arrête à 20 mètres devant lui, à 1,50 m du bord du trottoir. Elle bouche presque complètement la rue. Alexandre décide de passer à droite de la voiture.

D   La selle étant trop haute, Alexandre pédale avec la pointe des pieds en se tortillant comme un ver.

E   Alexandre se cogne la tête contre la portière ouverte.

1 F   Alexandre est pressé d'aller rejoindre ses amis pour jouer au ballon. Au moment de partir, il s'aperçoit que le pneu de sa bicyclette est crevé. Au lieu de le réparer, il emprunte la bicyclette de son grand frère.

G   A ce moment la portière avant droite de la voiture s'ouvre, et un passager s'apprête à descendre sur la chaussée.

D'après I. Micholet, M. Chiss, *Éducation civique CM1,* F. Nathan.

• Calcule ton score en comptant quatre points par passage replacé ; note-le.

2. LE TEXTE PUZZLE

Les passages de ce texte sont mélangés mais certains ont gardé le numéro de la place qu'ils occupaient. Retrouve l'ordre de l'histoire en donnant le numéro qui convient aux passages qui n'en ont pas.

Un secret mal gardé

Le soleil est à la recherche d'un petit cochon. Ce dernier s'est réfugié chez les deux petites filles de Papa Saïd : Malika et Rachida. Mais chut! elles ont promis de ne rien dire.

3 A   Papa Saïd perdit patience :
— Oui! Un petit cochon! Pas un hippopotame, bien sûr! Vous êtes sourdes?
— Tu as vu un petit cochon, toi? demanda Malika à Rachida.

B   — Et puis, dit Rachida avec énergie, ce n'était pas un vieux monsieur qui le poursuivait : c'était une petite fille! Et elle n'avait pas de jambe de bois!

C   — Petit cochon? demanda Malika d'une voix faible.
— Petit cochon? répéta Rachida.

D   Au même instant, elles s'arrêtèrent de parler, se regardèrent l'une l'autre et rougirent jusqu'aux oreilles, comprenant bien qu'elles s'étaient trahies.

1 E   Malika et Rachida restaient sans dire un mot, la tête basse. Papa Saïd leur demanda :
— Et vous, alors? Vous avez vu un petit cochon?

F   — Moi? Oh, non! répondit Rachida. Et toi? Tu en as vu un, de petit cochon?

G   — Ce n'est pas vrai! dit Malika avec indignation. Il était rose!

5 H   — Vraiment! dit le soleil. Vous êtes sûres? Un petit cochon tout vert, qui était poursuivi par un vieux monsieur avec une jambe de bois?

P. Gripari, *Le petit cochon futé* tiré de
Le Gentil petit diable et autres contes de la rue Broca,
© Les éditions de la Table Ronde, 1967.

• Calcule ton score en comptant quatre points par passage replacé; note-le.

3. LE TEXTE PUZZLE

Les passages de ce texte sont mélangés mais certains ont gardé le numéro de la place qu'ils occupaient. Retrouve l'ordre de l'histoire en donnant le numéro qui convient aux passages qui n'en ont pas.

Un bon tour

Le crocodile sème la terreur dans la région. Jojo Lapin pense qu'il mérite une bonne leçon et décide de s'en charger. Il demande à son amie, Adélaïde la Grenouille, de le prévenir lorsque le crocodile sera endormi.

A   Messire Crocodile ne s'aperçut de rien. Persuadé que personne n'oserait s'attaquer à lui sur son territoire, il dormait d'un sommeil aussi paisible que profond.

1 B   Deux jours plus tard, Adélaïde vint trouver Jojo tout essoufflée : « Ça y est, il fait la sieste au bord de la rivière, sous le grand saule. Et après ce qu'il a mangé à midi, il va sûrement dormir un bon moment...
— Parfait, dit Jojo qui alla dans son garage chercher un pot de peinture qu'il avait acheté tout exprès.

C   — Oui, répondit Jojo. C'est une peinture qui scintille la nuit et ne se dissout pas dans l'eau. Je te jure qu'on le verra de loin, ce maudit crocodile ! »

D   « Nous avons vu, la nuit dernière, une horrible bête nager dans la rivière : une sorte d'affreux serpent, aussi énorme qu'un tronc d'arbre, avec des anneaux rouges qui scintillent dans le noir.

6 E   Jojo et Adélaïde parcoururent toute la forêt en déclarant à tous les animaux qu'ils rencontraient :

F   — Et alors ? faisaient les animaux en ouvrant de grands yeux inquiets.
— Et alors, il faut absolument lui tendre un piège et l'empêcher de nous faire du mal. »

G   — Tu vas le peindre ? demanda Adélaïde.

4 H   Jojo Lapin s'approcha avec la plus extrême prudence du crocodile endormi et lui peignit de larges bandes de peinture rouge en travers du dos.

A. Royer, E. Baudry, *Jojo Lapin et le bonhomme de neige*, © Hachette.

• Calcule ton score en comptant quatre points par passage replacé ; note-le.

... Prolongement ... Imagine la suite de l'histoire.

4. LE TEXTE PUZZLE

Les passages de ce texte sont mélangés mais certains ont gardé le numéro de la place qu'ils occupaient. Retrouve l'ordre de l'histoire en donnant le numéro qui convient aux passages qui n'en ont pas.

Quel casse-tête !

Mathilde apprend tout par cœur sans difficulté et elle est toujours la meilleure en classe. Oui mais un jour sa tête est trop pleine : il n'y a plus de place. Mathilde ne peut plus rien retenir. Alors sa mère a une idée : elle lui met une nouvelle tête. Grâce à celle-ci, la petite fille apprend la leçon sur les ours polaires. Mais voilà que la maîtresse l'interroge sur les crocodiles, en présence d'un inspecteur.

A   Monsieur l'Inspecteur répond :
— Ce n'est pas grave si elle nous dit bien la vérité. Mathilde, quel est le numéro de téléphone de Madame Zyzvy ?

7 B   Monsieur l'Inspecteur est tout étonné :
— Exact ! C'est à peine croyable !

C   Mathilde va au tableau, et c'est tout. Elle ne dit pas un mot. La maîtresse lève les yeux au plafond et murmure :
— Nous t'attendons, Mathilde.

D   Mathilde éclate en gros sanglots :
— Oh non, pas de « très mal », s'il vous plaît ! Je sais tout sur les crocodiles, mais c'est dans mon ancienne tête ! Dans celle-ci, je n'ai que les ours polaires et l'annuaire du téléphone !

4 E   La maîtresse se tourne vers Monsieur l'Inspecteur :
— Quelle malchance ! C'est notre meilleure élève. D'habitude, elle vous récite les crocodiles comme rien. Et aujourd'hui, elle est venue avec une nouvelle tête : dedans, il n'y a que les ours polaires et l'annuaire du téléphone !

F   — Promets d'apporter tes deux têtes à l'école à partir de lundi. Pour aujourd'hui, laissons ces crocodiles.

2 G   Monsieur l'Inspecteur se balance sur la pointe des pieds et tousse. Au bout de vingt-quatre minutes, la maîtresse dit :
— Assieds-toi, Mathilde. Je te mets un « très mal ».

H   (Madame Zyzvy est la voisine de Monsieur l'Inspecteur.) Mathilde récite :
— « Zyzvy Zinaïde, 637 485 596. »

M. Macourek, *La Fille qui en savait trop*, © Dilia.

• Calcule ton score en comptant quatre points par passage replacé ; note-le.

5. LE TEXTE PUZZLE

Les passages de ce texte sont mélangés. Retrouve l'ordre de l'histoire en donnant le numéro qui convient à chaque passage.

Un complot

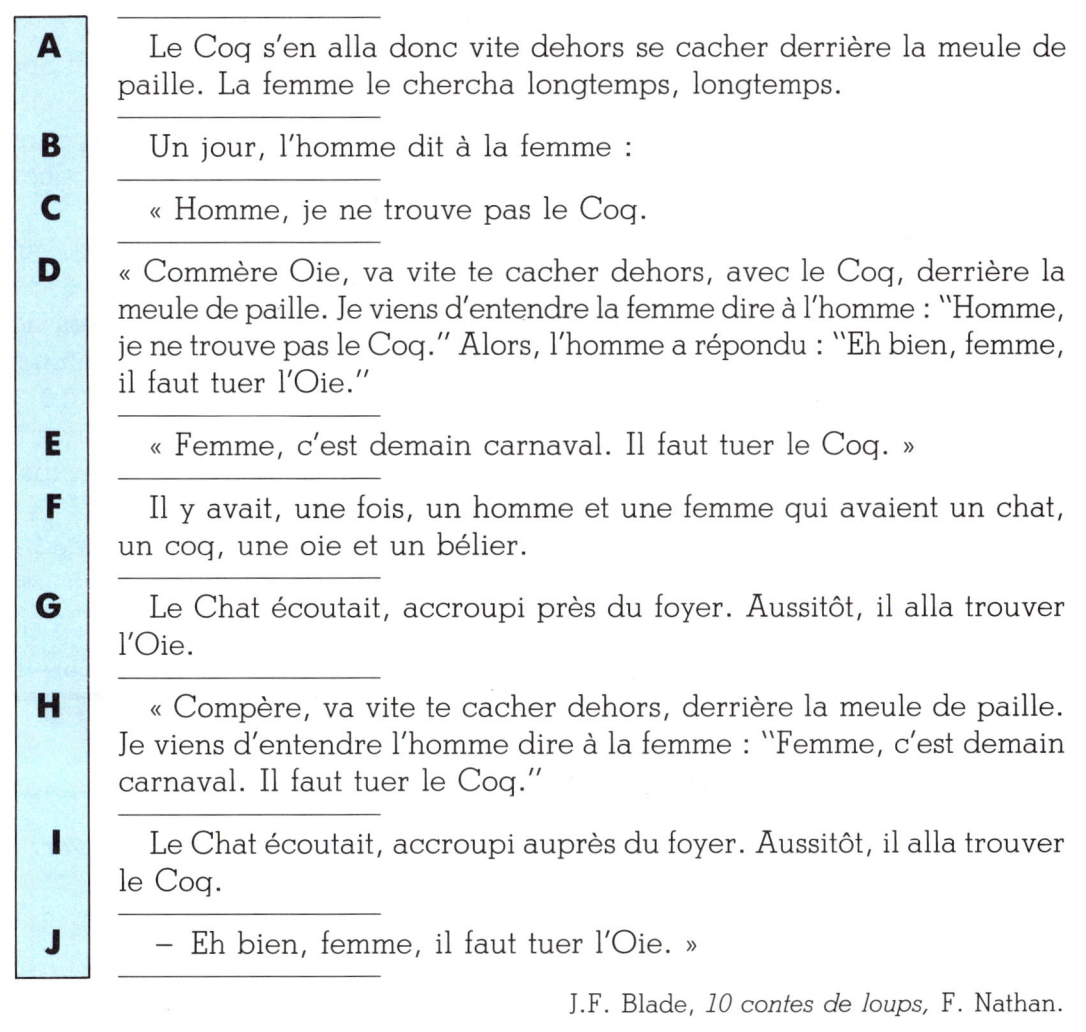

A — Le Coq s'en alla donc vite dehors se cacher derrière la meule de paille. La femme le chercha longtemps, longtemps.

B — Un jour, l'homme dit à la femme :

C — « Homme, je ne trouve pas le Coq.

D — « Commère Oie, va vite te cacher dehors, avec le Coq, derrière la meule de paille. Je viens d'entendre la femme dire à l'homme : "Homme, je ne trouve pas le Coq." Alors, l'homme a répondu : "Eh bien, femme, il faut tuer l'Oie." »

E — « Femme, c'est demain carnaval. Il faut tuer le Coq. »

F — Il y avait, une fois, un homme et une femme qui avaient un chat, un coq, une oie et un bélier.

G — Le Chat écoutait, accroupi près du foyer. Aussitôt, il alla trouver l'Oie.

H — « Compère, va vite te cacher dehors, derrière la meule de paille. Je viens d'entendre l'homme dire à la femme : "Femme, c'est demain carnaval. Il faut tuer le Coq." »

I — Le Chat écoutait, accroupi auprès du foyer. Aussitôt, il alla trouver le Coq.

J — – Eh bien, femme, il faut tuer l'Oie. »

J.F. Blade, *10 contes de loups*, F. Nathan.

• Calcule ton score en comptant deux points par passage replacé ; note-le.

... Prolongement ... Imagine la suite.

73

C

1. DEVINE LES MOTS

Dix mots ont été effacés dans les passages suivants. A toi de les trouver après avoir lu chaque passage jusqu'au bout. Note-les en marquant leur numéro.

1. La fermière avait ____ chats. Le premier était malin, le deuxième était grognon, le ____ était paresseux, le dernier était gourmand.

2. La souris eut ____ petits. Il y avait Sourivive et Sourilente; Sourijoyeux et Sourijoyeuse; Sourigrincheux et Sourigrincheuse; et le dernier : Sourifol. Ils se ressemblaient tellement que personne ne les distinguait les uns des autres; mais maman-souris les reconnaissait bien.

Le plus __4__ de tous était Sourifol; il n'était sage qu'au moment des repas. Sinon, il n'arrêtait pas de faire des bêtises. __5__ et __6__ chantaient, dansaient et leurs rires résonnaient dans toute la maison. Au contraire, __7__ et __8__ avaient toujours l'air mécontents; pour un oui, pour un non, ils grognaient. __9__ , elle, était sans cesse en mouvement, impossible de la faire tenir tranquille. Ce n'était pas le cas de __10__ qui prenait tout son temps : à force de traîner, il lui arrivait d'être en retard.

Libre adaptation d'un texte de Marie-Louise Vert,
Souris Blanches et Souris Grises in *Seize Contes de Perrette.
Un Grillon dans la Lune*, © Éd. Magnard.

• Calcule ton score en comptant deux points par mot deviné; note-le.

2. DEVINE LES MOTS

Dix mots ont disparu dans le texte. A toi de les trouver. Écris-les en marquant leur numéro.

Lisibilité : 63

Un bruit épouvantable

Ce matin-là, Jojo Lapin fut réveillé par un bruit épouvantable. Il se dressa sur son lit et s'enfouit la tête sous son oreiller.

D'abord il crut à un tremblement de __1__ et redouta que le plafond de sa chambre ne lui tombe __2__ le crâne.

Puis le bruit décrût.

Jojo Lapin se rendormit.

Une demi-heure plus tard, il fut réveillé une __3__ fois par le même horrible bruit. Il se précipita à sa fenêtre et aperçut une énorme moto __4__ passait dans un grondement d'enfer.

Et sur la __5__ ... Compère Loup!

« Hé là! cria Jojo. Tu n'as pas honte de __6__ les gens avec ton engin de malheur! »

Mais Compère Loup n'entendit   7   et disparut, tel un météore, dans   8   nuage de poussière.

« Atchoum ! » fit Jojo en   9   précipitamment la fenêtre. Et il dut aller   10   une douche.

A. Royer, E. Baudry, *Jojo Lapin et le bonhomme de neige*, © Hachette.

• Calcule ton score en comptant deux points par mot deviné ; note-le.

3. DEVINE LES MOTS

Dix mots ont disparu dans le texte. A toi de les trouver. Écris-les en marquant leur numéro.

Lisibilité : 60

Le petit vampire

Madame Lizzi a trouvé une drôle de petite bête : c'est un vampire ! C'est dangereux, un vampire ! Ça se nourrit de sang humain. Mais celui-ci n'est pas comme les autres : il suce, non pas le sang, mais la colère et la méchanceté. Il suffit d'une légère piqûre du petit vampire et la personne la plus désagréable devient douce, aimable... Un jour, Madame Lizzi décide d'aller faire prendre l'air au vampire. Elle le cache dans un panier pour ne pas effrayer les passants. Que va-t-il arriver ? Le vampire va-t-il rester à l'abri des regards ?

A présent, Madame Lizzi et le petit vampire se trouvaient au terrain de jeu.

Trois enfants jouaient sur le tas de sable. Ils faisaient un château. Madame Lizzi s'assit sur un banc et les regarda jouer.

Un groupe s'approcha à vélo. Les gosses faisaient la course autour du terrain. Ils faisaient aussi du slalom.

Au moment où ils s'amusaient à pédaler le plus lentement possible, le gardien s'approcha.

« Arrêtez tout de suite, cria-t-il, il est   1   de faire du vélo sur ce terrain.

— Où pouvons-nous faire du   2   , alors ? » demanda une petite fille. Le   3   fit un geste menaçant.

« De l'impertinence par-dessus le marché ! Ne savez-vous pas lire ? Qu'est-ce que vous apprenez à l'école aujourd'hui ? »

Il saisit la petite   4   par l'épaule et la poussa jusqu'à une grosse pancarte.

« Qu'est-ce qui est   5   là ? Interdiction de   6   à bicyclette. C'est clair ? Alors, ouste ! Si vous ne disparaissez pas tout de   7   avec vos vélos, j'appelle le surveillant. »

Un enfant trébucha et se mit à pleurer.

Madame Lizzi serrait son cabas des deux mains, mais c'était déjà trop tard.

Le petit vampire s'était glissé dehors. Il se précipita sur le gardien, mordit et se mit à sucer.

Le gardien se gratta la tête pendant quelques instants, puis il demanda :

« Au fait, où pourriez-vous   8   du vélo ? »

Les enfants restèrent bouche bée. Le petit s'arrêta de pleurer.

« Vous êtes trop jeunes pour aller dans la rue, continua-t-il. Sur le trottoir, vous renverseriez probablement des personnes âgées. Où pourriez-vous aller avec vos engins ? Dans une cuisine, on ne peut pas faire du vélo. »

Il se tourna vers les   9   avec un air important.

« Bon, d'accord. Vous pouvez rouler   10   . Mais faites attention ! » Il prit son grand balai et s'en alla.

R. Welsch, *Le Petit Vampire*, F. Nathan.

• Calcule ton score en comptant deux points par mot deviné ; note-le.

4. DEVINE LES MOTS

Dix mots ont disparu dans le texte. A toi de les trouver. Écris-les en marquant leur numéro.

Lisibilité : 56

Une drôle de surprise

En rentrant chez lui, tard le soir, un chauffeur de taxi, M. Jones, trouve un corbeau blessé sur la route. Il l'emmène chez lui pour le soigner. Pendant qu'il prépare le repas, le corbeau disparaît. Le lendemain matin, M. Jones part pour son travail sans avoir eu le temps de parler de cette histoire à sa femme et à sa fille, Arabelle.

Après le départ de son mari, Mme Jones se leva et mit la bouilloire à   1   . Trouvant la bouteille de lait vide, elle se tourna en bâillant vers le réfrigérateur et en ouvrit la porte. Elle poussa un grand   2   qui fit accourir Arabelle en bas de l'escalier.

Arabelle était petite et châtain clair et elle avait les   3   gris. Elle portait une chemise de nuit blanche qui la faisait ressembler à un abat-jour avec deux jambes qui dépassent. Elle avait à l'un des   4   une chaussette bleue.

— Qu'est-ce qui se passe, maman ? demanda-t-elle.
— Il y a un grand oiseau épouvantable dans le ___5___ , sanglota Mme Jones. Et il a ___6___ tout le fromage et une tarte au cassis et un bol de graisse qui restait du rôti et une livre de saucisses et il a bu cinq litres de lait. Il ne reste que la laitue.
— Alors, on aura de la ___7___ pour le petit déjeuner, dit Arabelle. Mais à Mme Jones cela ne lui disait rien de manger la laitue qui était restée toute la nuit dans le frigo avec un grand ___8___ épouvantable à l'intérieur. « Et comment va-t-on faire sortir ça du frigo ? » se demanda-t-elle.
— La laitue ?
— L'oiseau ! s'écria Mme Jones. Elle éteignit la cuisinière et versa l'eau dans la théière sans avoir mis le thé.

Arabelle ouvrit la ___9___ du réfrigérateur qui s'était refermée toute seule. A l'intérieur l'oiseau était assis au milieu des ___10___ de lait vides.

Arabelle regarda le corbeau qui lui retourna son regard.
— Il s'appelle Mortimer, dit-elle.

J. Aiken, *Le Corbeau d'Arabelle*, F. Nathan.

• Calcule ton score en comptant deux points par mot deviné ; note-le.

5. DEVINE LES MOTS

Dix mots ont disparu dans le texte. Tu dois les trouver et les noter en marquant leur numéro.

Lisibilité : 55

Le képi fantôme

Fanfan, un jeune fantôme, en a assez de toujours rester invisible et ignoré. Il décide de se montrer et même de se faire passer pour un policier de la petite ville de Choupigny. Il est arrêté par l'agent Moineau et mis en prison. Mais surprise ! le lendemain, il n'est plus là...

Il fallut se rendre à l'évidence : le fantôme avait traversé les murs de la prison, au nez et à la barbe des gardiens, sans se gêner.
Délit de fuite !
Et comme il se promenait au grand jour, il était devenu invisible, ce qui aggravait son cas.
Délit d'invisibilité !
On ne voyait plus de lui que son képi et son sifflet qui semblaient se promener tout seuls dans les rues, sur les trottoirs, et même dans les arbres et sur les toits. Des cars de police furent frétés à la hâte pour le récupérer, mais le képi et le ___1___ leur filaient devant le nez, en les couvrant d'injures et de ridicule :
— Outrage à agents ! criaient les agents. Infraction ! Infraction ! Tu auras 100, 150, 6 853, 10 253 ans de prison !

Malgré toutes les infractions qui méritaient d'être punies, le fantôme invisible ne se gênait nullement pour continuer, et toute la population levait le nez pour le suivre des yeux.

L'agent Moineau se sentit bafoué, déshonoré. Son chef l'accablait de reproches :

Un gendarme sans son képi, c'est déjà grave ! Mais... un képi sans son   2   ! Vous vous rendez compte de ce que vous avez fait, misérable Moineau ?

Rouge de   3   , Moineau apprit que dans les rues son sifflet sifflait de plus belle, avait stoppé toute la circulation provoquant un gigantesque   4   et que le képi volant semait la terreur.

Toute une ville paralysée par son képi, Moineau de malheur ! Paralysée ! Que dis-je ! Complètement vidée ! Bientôt il n'y aura plus aucun passant dans les   5   , et par conséquent, les policiers ne serviront plus à   6   ! Qu'allons-nous devenir, sans travail ? Allons ! Réponds !

Ainsi lui parlait maintenant le chef du chef de la police.

Alors Moineau, acculé, vaincu, eut soudain une   7   , une de ces idées qui germent en vous dans les cas vraiment désespérés. Il suggéra timidement :

— Donnons-lui un uniforme entier !

— Hein ! Quoi ? rugit le   8   du chef de la police.

— Oui, reprit Moineau. Ainsi vêtu normalement, le   9   ne fera plus peur à la population. Et puis, comme il sait voler et passer à travers les murs... il fera un bon travail de policier, et Choupigny sera bien gardée !

— Hein ! Quoi ? répéta le chef du chef de la police, qui d'abord fronça les   10   , puis arbora un grand sourire.

Et il finit par dire :

— Ben... euh... ma foi... Pourquoi pas ?

Reberg, *Le Képi fantôme*, F. Nathan.

• Calcule ton score en comptant deux points par mot deviné ; note-le.

... Prolongement ... Imagine la suite.

6. DEVINE LES MOTS

Dix mots ont disparu dans le texte. Tu dois les trouver et les noter en marquant leur numéro.

Lisibilité : 52

La sorcière de la rue Mouffetard

Il y avait une fois, dans le quartier des Gobelins, à Paris, une vieille sorcière, affreusement vieille et laide, mais qui aurait bien voulu passer pour la plus belle fille du monde !

Un beau jour, en lisant le « Journal des Sorcières », elle tomba sur le communiqué suivant :
MADAME !
Vous qui êtes VIEILLE ET LAIDE
Vous deviendrez JEUNE ET JOLIE !
Et pour cela :
MANGEZ UNE PETITE FILLE
à la sauce tomate !
Et plus bas, en petites lettres :
Attention !
Le prénom de cette petite fille
devra obligatoirement commencer
par la lettre N !

Or, il y avait, dans ce même quartier, une petite fille qui s'appelait ....1..... . C'était la petite fille de Papa Saïd (je ne sais pas si vous connaissez) qui tenait l'épicerie-buvette de la rue Broca.

— Il faut que je mange Nadia, se dit la ....2..... .

Un beau jour que Nadia était sortie pour aller chez le boulanger, une vieille dame l'arrêta :

— Bonjour, ma petite Nadia !
— .....3....., Madame !
— Veux-tu me rendre un service ?
— Lequel ?
— Ce serait d'aller chercher pour moi une boîte de sauce ....4..... chez ton papa. Cela m'éviterait d'y aller, je suis si fatiguée !

Nadia, qui avait bon ....5....., accepta tout de suite. Sitôt qu'elle fut partie, la sorcière — car c'était elle — se mit à rire en se frottant les ....6..... :

79

— Oh ! que je suis maligne ! disait-elle. La petite Nadia va m'apporter elle-même la   7   pour la manger !

Une fois rentrée chez elle avec le   8   , Nadia prit sur le rayonnage une   9   de sauce tomate, et elle se disposait à repartir, lorsque son papa l'arrêta :

— Et où vas-tu comme ça ?

— Je vais porter cette boîte de sauce tomate à une vieille dame qui me l'a demandée.

— Reste ici, dit Papa Saïd. Si ta vieille dame a besoin de quelque   10   , elle n'a qu'à venir elle-même.

P. Gripari, *Contes de la rue Broca, La Sorcière de la Rue Mouffetard,*
© éditions de La Table ronde.

• Calcule ton score en comptant deux points par mot deviné ; note-le.

7. DEVINE LES MOTS

Dix mots ont disparu dans le texte. Tu dois les trouver et les noter en marquant leur numéro.

Lisibilité : 51

Une transformation magique

Il était une fois une patate — une vulgaire patate, comme on en voit tous les jours — mais dévorée d'ambition. Le rêve de sa vie était de devenir une frite. Et c'est probablement ce qui lui serait arrivé, si le petit garçon de la maison ne l'avait volée dans la cuisine.

Une fois retiré   1   sa chambre avec le fruit de son larcin (1), le   2   garçon tira un couteau de sa poche et se mit à sculpter la   3   . Il commença par lui faire deux yeux, et la patate pouvait voir. Après quoi il lui fit   4   oreilles, et la patate pouvait   5   . Enfin, il lui fit   6   bouche, et la patate pouvait   7   . Puis il la fit se regarder dans une   8   en lui disant :

— Regarde comme tu es belle !

— Quelle horreur ! répondit la patate, je ne suis pas   9   du tout ! Je ressemble à un homme ! J'étais bien   10   avant !

— Oh bon ! Ça va ! dit le petit garçon, vexé. Puisque tu le prends comme ça...

P. Gripari, *Le Gentil petit diable et autres contes de la rue Broca, Roman d'amour d'une patate,*
© éditions de La Table Ronde.

(1) Larcin : petit vol.

• Calcule ton score en comptant deux points par mot deviné ; note-le.

... Prolongement ... Imagine la suite.

6 ENTRAINE-TOI, ÉVALUE-TOI

Tu as développé différentes qualités indispensables pour devenir un bon lecteur. Il s'agit maintenant de *mettre en œuvre tout ce que tu as appris.*

Grâce à ce chapitre, tu vas pouvoir améliorer ta vitesse, ta compréhension et ton efficacité de lecture. Tu vas aussi pouvoir faire le point : as-tu progressé ?

Avant de commencer les exercices, voici deux conseils qui pourront te rendre service.

LIS DES YEUX

Sais-tu que, même en allant très vite, tu ne peux pas lire plus de 9 000 mots à l'heure quand tu lis à voix haute ? Par contre, si tu lis silencieusement, tu peux lire 27 000 mots et plus dans le même temps.

Tu comprends alors pourquoi, lorsque tu es seul, il est préférable de lire avec tes yeux uniquement et non avec tes yeux et ta bouche.

VA PLUS LOIN

Au cours de tes lectures, tu peux rencontrer des mots inconnus. Plutôt que de revenir en arrière, efforce-toi d'aller jusqu'au bout du texte ou du paragraphe. Tu constateras que la suite te permet souvent de comprendre.

→ Les extraits proposés dans ce manuel te plaisent ? Lis les livres en entier. La bibliothèque de l'école ou de la mairie te les prêtera.

A — 1. A VOS MARQUES, PRET? PARTEZ!

Lis rapidement le texte en t'efforçant de bien le comprendre. Réponds ensuite aux questions sans revenir au texte.

top chrono...   Lisibilité : 77

Une drôle de pêche

Nicolas et ses copains ont trouvé une nouvelle distraction.

Il y a un square où nous allons jouer souvent, et dans le square il	67
y a un chouette étang. Et dans l'étang, il y a des têtards. Les têtards,	139
ce sont des petites bêtes qui grandissent et qui deviennent des	202
grenouilles ; c'est à l'école qu'on a appris ça.	249
A la maison, j'ai pris un bocal à confitures vide, et je suis allé dans	320
le square, en faisant bien attention que le gardien ne me voie pas.	397
C'est très difficile de pêcher des têtards! Le premier qui en a eu un,	466
ça été Clotaire, et il était tout fier, parce qu'il n'est pas habitué à être	542
le premier de quoi que ce soit. Et puis, à la fin, on a tous eu notre têtard.	619
— Et qu'est-ce qu'on va faire avec nos têtards? a demandé Clotaire.	689
— Ben, a répondu Rufus, on va les emmener chez nous, on va	747
attendre qu'ils grandissent et qu'ils deviennent des grenouilles, et on	818
va faire des courses. Ça sera rigolo!	855
Et puis on est partis en courant parce qu'on a vu le gardien du square	925
qui arrivait. Dans la rue, en marchant, je voyais mon têtard dans le	993
bocal, et il était très chouette. J'ai décidé de l'appeler King ; c'est le	1 065
nom d'un cheval blanc que j'ai vu jeudi dernier dans un film de cow-	1 133
boys. C'était un cheval qui courait très vite et qui venait quand son	1 202
cow-boy le sifflait.	1 222
Quand je suis entré dans la maison, Maman m'a regardé et elle s'est	1 288
mise à pousser des cris : « Mais regarde-moi dans quel état tu t'es mis!	1 359
Tu as de la boue partout, tu es trempé comme une soupe! Qu'est-ce	1 424
que tu as encore fabriqué? »	1 452
— Et ce bocal? a demandé Maman, qu'est-ce qu'il y a dans ce bocal?	1 517
— C'est King, j'ai dit à Maman en lui montrant mon têtard. Il va	1 581
devenir grenouille, il viendra quand je le sifflerai, il nous dira le temps	1 656
qu'il fait et il va gagner des courses.	1 694
— Quelle horreur! elle a crié, Maman. Combien de fois faut-il que	1 759
je te dise de ne pas apporter des saletés dans la maison?	1 816
— C'est pas des saletés, j'ai dit, c'est propre comme tout, c'est tout	1 885
le temps dans l'eau et je vais lui apprendre à faire des tours!	1 948
— Eh bien, voilà ton père a dit Maman ; nous allons voir ce qu'il	2 012
en dit.	2 019
— Bah, a dit Papa, un têtard, ce n'est pas gênant...	2 068
— Eh bien, parfait, a dit Maman, parfait! Puisque je ne compte pas,	2 135

---

(1) Pour calculer tes scores à tous les exercices de ce chapitre, te reporter page 128.

ENTRAÎNEMENT (1)

je ne dis plus rien. Mais je vous préviens, c'est le têtard ou moi ! 2 202
Papa a fait un gros soupir. 2 228
— Je crois que nous n'avons pas le choix, Nicolas, il m'a dit. Il va 2 294
falloir se débarrasser de cette bestiole. 2 335
Moi, je me suis mis à pleurer. Papa m'a pris dans ses bras : 2 384
— Écoute, bonhomme, il m'a dit. Tu sais que ce petit têtard a une 2 448
maman grenouille. Et la maman grenouille doit avoir beaucoup de 2 511
peine d'avoir perdu son enfant. Maman, elle ne serait pas contente si 2 580
on t'emmenait dans un bocal. Pour les grenouilles, c'est la même chose. 2 650
Alors, tu sais ce qu'on va faire ? Nous allons partir tous les deux et nous 2 722
allons remettre le têtard où tu l'as pris, et puis tous les dimanches tu 2 804
pourras aller le voir. 2 826
Moi, j'ai réfléchi un coup et j'ai dit que bon, d'accord. Alors Papa 2 893
a dit à Maman, en rigolant, que nous avions décidé de la garder et 2 959
de nous débarrasser du têtard. 2 987

Sempé/Goscinny, *Les Récrés du Petit Nicolas*, © Denoël.

... top chrono

QUESTIONS

Choisis, parmi les deux ou trois propositions (a, b, parfois c), celle qui correspond à ce qui est écrit dans le texte.
Note ta réponse.

1. Les enfants voient les têtards :
   a) dans un lac,
   b) dans un étang,
   c) dans un ruisseau.

2. Pour mettre les têtards, Nicolas prend :
   a) une bouteille,
   b) un seau,
   c) un bocal à confitures.

3. Qui arrive à attraper un têtard ?
   a) tous les enfants,
   b) Nicolas seulement,
   c) Clotaire et Rufus.

4. Les enfants partent en courant du square :
   a) parce que la pluie commence à tomber,
   b) parce que le gardien arrive,
   c) parce que le soir tombe.

5. Nicolas appelle son têtard King :
   a) parce que c'est le nom du chat d'un de ses copains,
   b) parce que c'est le nom d'un cheval vu dans un film,
   c) parce que c'est le nom d'un cheval dans un de ses livres préférés.

6. En arrivant chez lui, Nicolas se fait gronder par sa mère :
  a) parce qu'il est en retard,
  b) parce qu'il est mouillé et sale,
  c) parce qu'il n'a pas fait ses devoirs.

7. Que fait la mère de Nicolas en voyant le têtard ?
  a) elle éclate de rire,
  b) elle crie : « Quelle horreur ! »,
  c) elle le jette dans le jardin.

8. Pour décider Nicolas à se débarrasser du têtard, son père lui dit :
  a) que le têtard est un animal venimeux,
  b) que le têtard ne peut pas vivre sans ses copains,
  c) que la maman du têtard doit être triste.

9. Si Nicolas accepte de remettre le têtard où il l'a pris, son père :
  a) lui promet un jouet,
  b) lui promet d'aller voir le têtard tous les dimanches,
  c) lui promet d'aller au cinéma.

10. Nicolas :
  a) accepte de se séparer du têtard,
  b) refuse.

• Note tes scores de vitesse, de compréhension et d'efficacité.

2. A VOS MARQUES, PRET ? PARTEZ !

Lis rapidement le texte en t'efforçant de bien le comprendre. Réponds ensuite aux questions sans revenir au texte.

top chrono...   Lisibilité : 72

Le secret de Niania

Alexis vient habiter Foly 14, une ville nouvelle en bordure d'une forêt.   72
Une nuit, ne pouvant dormir, il sort et pénètre dans la forêt. Un étrange   145
personnage le conduit jusqu'à une petite maison. Dans cette maison,   211
habitent Niania, une vieille dame et de nombreux animaux. Alexis   275
devient l'ami de Niania et se rend souvent chez elle. Mais Niania est   344
de plus en plus soucieuse : d'ignobles individus la tourmentent. Que   409
lui veulent-ils ? Alexis raconte.   441

Un jour, Niania me dit, ou plutôt une nuit :   483
— Mon petit chéri, j'ai reçu une lettre plus dramatique que les   546
autres...   553
— Ah !   558
— Il faut que je t'explique...   586
— Est-ce que je comprendrai ?   614
— Non. Mais il faut que je t'explique.   652

84

— Si je ne comprends pas, cela ne servira à rien, Niania.

— Au contraire. Cela servira. Je pourrai dire à ces individus ignobles que j'ai parlé de l'affaire avec un ami, qui est tout à fait de mon avis.

— Comment serai-je de votre avis, Niania, si je ne comprends pas?

— M'aimes-tu, Alexis?

— Oh oui!

— Alors tu seras de mon avis.

C'est cette nuit-là que Niania m'expliqua le mal qu'on lui voulait.

— Il y a bien longtemps, me dit-elle, j'avais acheté toute cette forêt pour une bouchée de pain, comme on dit. Puis, j'en ai vendu des morceaux aux gens qui voulaient construire les folies pareilles à celles que tu habites. Ils ont été très contents. Ils m'ont donné de l'argent, et j'ai pu refaire le toit de ma maison. Il pleuvait ici, quand il pleuvait. J'ai pu aussi acheter de quoi nourrir nos amis de la cage...

— Qu'est-ce qui coûte le plus cher, Niania?

— Le guépard évidemment. Il mange deux kilos de viande par jour. Je te prie de ne pas m'interrompre... Donc, j'ai pu faire ce que je voulais, à peu près...

— Vous n'avez pas fait reboucher les murs autour du parc, Niania, puisque je suis entré chez vous par un trou.

— Alexis, si tu continues à m'interrompre, je m'arrête.

— Vous racontez, et moi j'ajoute des perfectionnements dans votre récit, c'est tout.

— Ce n'est pas tout, Alexis. Maintenant, les mêmes ignobles individus (...) exigent que je m'en aille d'ici, parce que je suis seule, toute seule dans une maison immense, avec un parc, et qu'on n'a pas le droit, paraît-il. D'un côté, je les comprends, parce qu'il y a des tas de gens qui n'ont pas de logement. D'un autre côté, où irais-je, si je partais?

— Vous pourriez habiter à Foly 16, qui va être bientôt terminé.

— Alexis, tu me vois habitant une de ces choses neuves, avec vide-ordures et télévision? Et où mettrai-je tout ce que j'ai ici, mon fourneau, ma cage, mes soixante-douze amis, mon bain, mes plantes vertes?

— En effet, je ne vois pas tout cela à Foly 16...

F.-R. Bastide, *Alexis dans la Forêt-Foly*, F. Nathan.

... **top chrono**

QUESTIONS

Vrai ou faux? Note ta réponse.

1. L'histoire se passe le jour.
2. Niania a reçu une lettre qui l'ennuie beaucoup.
3. Niania a vendu sa forêt morceau par morceau.
4. Avec l'argent de la vente, Niania a fait réparer le toit de sa maison.
5. Avec l'argent de la vente, Niania a acheté de la nourriture pour ses animaux.

6. Avec l'argent de la vente, Niania a fait reboucher les murs du parc.
7. L'animal qui coûte le plus cher à nourrir, c'est l'éléphant.
8. Alexis écoute Niania sans l'interrompre.
9. Les ignobles individus veulent que Niania partent de chez elle parce qu'elle n'a pas payé son loyer.
10. Alexis propose à Niania de venir habiter à Foly 16.

• Note tes scores de vitesse, de compréhension et d'efficacité.

3. A VOS MARQUES, PRET? PARTEZ!

Lis rapidement le texte en t'efforçant de bien le comprendre. Réponds ensuite aux questions sans revenir au texte.

top chrono... Lisibilité : 70

Les gens éternels et l'eau vive
ou Le pays où l'on ne meurt jamais

Il y a bien longtemps de ça... Un homme de chez nous est allé	59
chasser. Il a marché. Il est arrivé au bout du monde, au bout de notre	129
terre. Il y avait là un grand marais. Très grand. La bête qui court ne	199
pouvait le traverser. L'oiseau qui vole ne pouvait le traverser. Notre	269
chasseur a voulu traverser. Il a pris son élan, a sauté, est arrivé de	339
l'autre côté.	352
En arrivant, il a regardé – il y avait des lièvres sellés, harnachés.	421
Puis de tout petits hommes sont sortis de dessous la terre. C'étaient	490
les gens éternels à qui les lièvres servent de monture. Les gens éternels	563
ont entouré notre homme, lui ont parlé...	602
– Tu es venu?	615
– Je suis venu. Je voulais voir comment est votre terre, comment	679
est votre chasse.	696
– C'est une très bonne terre, ont répondu les gens éternels. Et la	762
chasse était bonne aussi. N'est plus bonne maintenant. Il y a la féroce	833
bête zibeline qui est venue vivre chez nous. Elle tue notre bétail, elle	905
mange notre gibier, elle fait beaucoup de dégâts. Nos femmes ont peur,	974
nos enfants ont peur de la bête féroce. Ne peux-tu pas nous aider?	1 040
Ne peux-tu pas tuer la féroce bête zibeline?	1 084
Notre chasseur a dit :	1 105
– Je vais tuer la zibeline. D'une flèche dans l'œil droit, je vais la tuer!	1 181
Il est allé dans la forêt, il a trouvé la zibeline. Il l'a visée dans l'œil	1 257
droit, a tiré la flèche. La zibeline est tombée, tuée net. Le chasseur	1 327
a ramené sa dépouille aux gens éternels. Ils ont été très contents, tout	1 399
à fait heureux. Ils ont dit :	1 427
– Tu nous as aidés, tu nous as rendu un grand service. Nous allons	1 491
te rendre service, à toi et ton peuple. Nous allons apporter dans votre	1 562
terre l'eau vive qui nous rend éternels. Vous allez devenir éternels	1 630

comme nous. Rentre à la maison, attends-nous. Nous allons venir. Bientôt.

Le chasseur est rentré chez nous, sur notre terre à nous. Il a raconté que les gens éternels allaient venir apporter de l'eau vive, de l'eau qui rend éternel. Une très bonne chose !

Nos gens étaient contents. Ils ont commencé à préparer la grande fête pour accueillir leurs hôtes. Nos femmes sont allées ramasser du bois pour cuire le repas de fête. Pendant qu'elles ramassaient du bois, elles ont vu arriver de tout petits hommes montés sur des lièvres harnachés. Nos femmes se sont mises à rire :

— Regardez ! Leurs chevaux ont des oreilles longues ! Leurs chevaux ont les pattes de devant courtes ! Et ils n'ont pas de queue du tout ! Et eux-mêmes, ils sont tout petits-petits !...

Nos femmes riaient et riaient. Les gens éternels, en les entendant, se sont arrêtés. Ils ont dit :

— Nous sommes venus et vous riez ? De nous, de nos montures vous riez. C'est très mal, c'est une grande offense. Parce que nous sommes très offensés, nous ne vous donnerons pas de notre eau vive. Mais parce que nous avons promis de la donner à votre terre, nous la donnerons à vos arbres. Vos arbres n'offensent pas leurs hôtes, ils ne se moquent pas des étrangers.

Les gens éternels ont vidé leurs outres d'eau vive au pied des cèdres, des pins, des sapins. Et ils sont repartis. Ils sont retournés sur leur terre. La terre d'eau vive, de l'autre côté du grand marais.

Depuis ce temps, nos hommes ont souvent cherché le chemin du grand marais, le chemin de la terre des gens éternels. Jamais ils ne l'ont retrouvé. Il y en a qui cherchent encore...

Et depuis ce temps, nos arbres — le cèdre, le pin, le sapin — restent éternellement verts, éternellement jeunes. A cause de l'eau vive, de l'eau d'éternité. Voilà.

Luda, *Peine-Misère et Bonheur-la-Chance*, F. Nathan.

... top chrono

QUESTIONS

Choisis, parmi les trois propositions (a, b, c), celle qui correspond à ce qui est écrit dans le texte. Note ta réponse.

1. Qui découvrit le pays des gens éternels ?
   a) un explorateur,
   b) un chasseur,
   c) un aviateur.

2. Pour arriver dans le pays des gens éternels, il fallait :
   a) franchir un marais,
   b) franchir une montagne,
   c) traverser la mer.

3. Les montures des gens éternels étaient :
a) des chevaux,
b) des sangliers,
c) des lièvres.

4. Les gens éternels étaient :
a) grands,
b) petits,
c) de la même taille que les gens de la Terre.

5. En voyant l'homme de chez nous, les gens éternels :
a) se sont enfuis,
b) l'ont chassé à coups de pierre,
c) lui ont parlé.

6. Les gens éternels avaient un ennemi :
a) c'était une zibeline,
b) c'était un crocodile,
c) c'était une panthère.

7. L'homme de chez nous a tué la bête :
a) avec une carabine,
b) avec une hache,
c) avec une flèche.

8. Pour remercier l'homme de chez nous, les gens éternels :
a) lui ont donné des cadeaux,
b) l'ont nommé roi du pays,
c) lui ont promis de l'eau vive qui rend éternel.

9. Les gens éternels sont vexés en arrivant sur notre terre :
a) parce que les habitants rient en les voyant,
b) parce que les habitants refusent de les accueillir,
c) parce que les habitants ne les saluent pas selon leurs coutumes.

10. D'après ce conte, le pin et le sapin restent toujours verts :
a) parce qu'ils ont été saupoudrés de poudre magique,
b) parce qu'une fée leur a jeté un sort,
c) parce qu'ils ont été arrosés avec de l'eau vive.

• Note tes scores de vitesse, de compréhension et d'efficacité.

4. A VOS MARQUES, PRET? PARTEZ!

Lis rapidement le texte en t'efforçant de bien le comprendre. Réponds ensuite aux questions sans revenir au texte.

top chrono...   Lisibilité : 66

L'histoire de la pastèque

Le pays est en guerre. Les habitants de certaines provinces ne veulent   70
plus obéir au roi. Le roi fait venir son fils, le prince An-Tiem, pour   140

lui donner le commandement de l'armée. Est-ce possible ? An-Tiem refuse. Il refuse parce qu'il déteste la guerre et tous les malheurs qu'elle peut apporter avec elle.

Le roi ne peut admettre cela. Puisque An-Tiem ne veut pas se battre, qu'il quitte le pays !

On l'emmène dans une île lointaine. Sa jeune femme obtient la permission de l'accompagner. Les gardes les abandonnent dans cet endroit désert, avec seulement quelques outils et un peu de nourriture. Que vont-ils devenir ?

Mais An-Tiem et la petite princesse ne perdent pas courage. Ils construisent une maison. Puis ils labourent la terre en essayant d'oublier leur fatigue.

Ils sont seuls sur cette île, seuls, à l'exception d'un oiseau qui plane parfois au-dessus de leur tête. L'oiseau vient se poser un jour sur la branche d'un arbre, au bord du champ. Il tient une graine dans son bec et la dépose dans la terre qui vient d'être labourée. Au même moment, il se met à pleuvoir.

An-Tiem et sa jeune femme continuent leur travail sans remarquer la plante qui sort de terre, pousse, s'étend, et donne un gros fruit vert.

Un matin, An-Tiem sort de sa maison et pousse un cri de surprise. Il court chercher sa jeune femme : ils n'en croient pas leurs yeux !

Quand un marchand s'arrête un jour sur l'île, il refuse de goûter ce fruit inconnu. Puis il se décide à imiter An-Tiem. Hum ! Voilà ce qu'il lui faut.

Son bateau rempli de pastèques, le marchand rentre au pays. Il fait porter le nouveau fruit au palais et le roi le fait venir pour en savoir plus long. Le marchand raconte comment sur une île déserte deux jeunes gens très courageux... Le roi regrette et les fait revenir. C'est la fête au palais quand le prince et la princesse paraissent.

On ne sait plus très bien où se trouvait l'île aux pastèques, mais le pays d'An-Tiem s'appelle aujourd'hui Viet-nam.

L'Histoire de la pastèque, Clé international.

... top chrono

QUESTIONS

Choisis, parmi les trois propositions (a, b, c), celle qui correspond à ce qui est écrit dans le texte. Note ta réponse.

1. Le roi demande à son fils :
   a) de partir à la chasse et de capturer deux lions,
   b) de commander l'armée,
   c) de lui révéler un secret qu'il a promis de garder.

2. Le prince An-Tiem refuse d'obéir à son père :
   a) parce qu'il déteste la guerre,
   b) parce qu'il veut rester avec sa femme,
   c) parce qu'il veut partir en voyage.

3. Pour punir son fils, le roi :
   a) l'envoie dans un pays ennemi,
   b) l'oblige à quitter le pays,
   c) le met en prison.

4. Les gardes quittent l'île en laissant à An-Tiem et sa femme :
   a) un tonneau d'eau potable,
   b) des sacs remplis d'or,
   c) des outils et un peu de nourriture.

5. Restés seuls, An-Tiem et sa femme :
   a) sont découragés et restent sans rien faire,
   b) s'enfuient sur un radeau,
   c) construisent une maison et labourent la terre.

6. Dans l'île, il y a :
   a) beaucoup d'animaux,
   b) un seul oiseau,
   c) des phoques.

7. Un jour, un oiseau :
   a) dépose une graine dans la terre,
   b) apporte un message du roi,
   c) atterrit, mourant, devant leur fenêtre.

8. Un matin, An-Tiem et sa femme sont très surpris :
   a) parce que des Indiens arrivent sur l'île,
   b) parce qu'ils voient un gros fruit vert,
   c) parce que leur maison est envahie par l'eau.

9. Le marchand venu sur l'île repart :
   a) avec des pastèques,
   b) avec des diamants,
   c) avec An-Tiem et sa femme.

10. Après avoir écouté le marchand, le roi :
   a) pardonne à An-Tiem et le fait revenir,
   b) pense que tout ce qu'il raconte est faux,
   c) part à la recherche du trésor.

• Note tes scores de vitesse, de compréhension et d'efficacité.

5. A VOS MARQUES, PRET? PARTEZ!

Lis rapidement le texte en t'efforçant de bien le comprendre. Réponds ensuite aux questions sans revenir au texte.

top chrono...   Lisibilité : 64

Un fantôme au cinéma

Gus est le dernier fantôme de Pignouchy. Tous les autres se sont envolés vers de lointaines forêts quand on a modernisé la ville. Mais Gus a refusé de partir. Il a dit de sa grosse voix :

— J'y suis, j'y reste. Ces immeubles et ces rues trop éclairées ne vont pas m'effrayer... Gus le fantôme ne faiblira jamais ! Il restera où il est né.

Alors il s'est installé dans les caves, sous l'immeuble des Acacias.

Il vit là, seul, dans une espèce de réduit encombré de sacs de patates, de bouteilles de vin et de boîtes de conserve. Il rouspète sans arrêt :

— Vous parlez d'un logement ! Même les rats n'en veulent pas. Ça n'a aucune allure, aucun style...

Il se console en allant au cinéma. Tous les lundis, il se rend au « Trou d'Enfer ». C'est le cinéma le plus agréable de Pignouchy. On n'y passe que des films d'épouvante, avec des châteaux et des bruits de chaînes dans la nuit.

Bien entendu, Gus ne paye jamais sa place, au « Trou d'Enfer ». A la lumière du jour, il est invisible. Il peut passer tranquillement devant la caisse sans prendre de ticket.

Mais en arrivant dans l'obscurité de la salle, il devient visible. Alors il agit très vite. Il enroule son squelette dans son grand drap blanc, et il vole vers le plafond. Il plonge dans un fauteuil au premier rang, il enfonce une casquette sur sa tête, et le tour est joué ! Personne ne le remarque, pas même la vieille dame qui est assise dans le fauteuil d'à côté.

Pourtant, cette dame est une fidèle spectatrice du « Trou d'Enfer », elle aussi. Elle s'appelle madame Bloyer et, comme Gus, elle habite aux Acacias. Elle occupe un petit deux pièces, au troisième étage. Depuis que son fils est parti, elle vit seule avec son chat, Méphisto.

Pour elle, le lundi est jour de fête. Elle fait son ménage à fond, puis elle prend son thé-citron, et ensuite elle se fait belle pour se rendre au « Trou d'Enfer ». A la caisse, elle demande :

— Une place au premier rang, s'il vous plaît !

Reberg, *La Vieille dame et le fantôme*,
J'aime lire, n° 67, avril 1982.

... top chrono

QUESTIONS

Choisis, parmi les trois propositions (a, b, c), celle qui correspond à ce qui est écrit dans le texte. Note ta réponse.

1. Les fantômes de Pignouchy sont partis :
   a) dans une autre ville,
   b) dans des forêts,
   c) dans un autre pays.

2. Gus s'est installé :
   a) dans une cave,
   b) dans un grenier,
   c) dans un parking souterrain.

3. La grande distraction de Gus, c'est :
   a) regarder la télévision,
   b) aller au cinéma,
   c) jouer au football.

4. Au cinéma, le « Trou d'Enfer », on passe toujours :
   a) des films comiques,
   b) des westerns,
   c) des films d'épouvante.

5. Gus ne paye pas sa place au cinéma :
   a) parce qu'il connaît le propriétaire,
   b) parce qu'il passe sans qu'on le voie,
   c) parce qu'il passe par une entrée interdite.

6. Dans la salle de cinéma, Gus aime s'installer :
   a) au fond de la salle,
   b) au milieu,
   c) au premier rang.

7. A côté de Gus, il y a :
   a) une vieille dame,
   b) des enfants,
   c) un vieux monsieur.

8. Tous les lundis, avant d'aller au cinéma, madame Bloyer fait son ménage et :
   a) boit un verre de lait,
   b) prend un thé-citron,
   c) prend un café.

9. Madame Bloyer :
   a) habite dans une villa,
   b) habite dans un immeuble proche de celui de Gus,
   c) habite dans le même immeuble que Gus.

10. Madame Bloyer :
   a) vit complètement seule,
   b) vit avec son chat,
   c) vit avec sa fille.

• Note tes scores de vitesse, de compréhension et d'efficacité.

6. A VOS MARQUES, PRET? PARTEZ!

Lis rapidement le texte en t'efforçant de bien le comprendre. Réponds ensuite aux questions sans revenir au texte.

top chrono...   Lisibilité : 64

Le lion et le petit chien

Il y avait à Londres une ménagerie que l'on pouvait visiter soit en	64
prenant un billet, soit en remettant au contrôle, au lieu d'argent, des	138
chiens ou des chats qui servaient de nourriture aux animaux.	198
Un pauvre homme qui n'avait pas d'argent voulut, un jour, voir des	263
bêtes féroces. Il attrapa un petit chien dans la rue et le porta à la	332
ménagerie. On le laissa entrer. Quant au petit chien, on le lui prit et	403
on le jeta dans la cage du lion pour qu'il en fît son repas.	463
Le petit chien mit sa queue entre ses pattes et se blottit dans un coin.	535
Le lion alla vers lui et le flaira un instant. Le petit chien s'était mis sur	612
le dos, les pattes en l'air, et agitait sa queue.	661
Le lion le tâta de la patte et le remit d'aplomb.	710
Le petit chien se redressa et fit le beau.	752
Le lion le suivait des yeux, portant sa tête tantôt à droite, tantôt à	822
gauche et ne le touchait pas.	850
Quand le gardien de la ménagerie lui eut lancé sa ration de viande,	917
le lion en déchira un morceau qu'il laissa pour le petit chien.	980
Vers le soir, quand le lion se coucha pour dormir, le petit chien se	1 048
coucha près de lui et mit sa tête sur sa patte.	1 095
Depuis lors, le petit chien ne quitta pas la cage du lion. Le lion le	1 163
laissait tranquille et, quelquefois, jouait avec lui.	1 231
Un jour, un monsieur qui était venu voir la ménagerie déclara qu'il	1 284
reconnaissait le petit chien, qu'il était à lui et demanda qu'on le lui	1 350
rendît. Le directeur de la ménagerie y consentit; mais dès qu'on se	1 421
mit à appeler le petit chien pour le tirer hors de la cage, le lion se	1 488
hérissa et rugit.	1 557
Le lion et le petit chien vécurent une année entière dans la même	1 574
cage. Un jour, le petit chien tomba malade et mourut. Le lion refusa	1 639
alors de manger; il ne cessait de flairer le petit chien que pour le	1 775
caresser, et il le touchait de sa patte.	1 815
Quand il eut compris que son compagnon était mort, il bondit, hérissa	1 882

son poil, se frappa les flancs de sa queue, se jeta sur les barreaux et se mit à ronger les verrous de sa cage et à mordre le plancher. Sa fureur dura toute la journée. Il se précipitait de tous les côtés en rugissant. Vers le soir seulement, apaisé, il se coucha à côté du petit chien mort. Le gardien voulut enlever le cadavre ; mais le lion ne laissait approcher personne.

Le directeur pensa calmer le chagrin du lion en mettant dans la cage un autre petit chien vivant. Sur l'heure, le lion le mit en pièces. Puis il prit le petit chien mort entre ses pattes et cinq jours durant il resta couché en le tenant ainsi embrassé.

Le sixième jour, le lion mourut.

Tolstoï, *Histoires vraies,* © Éd. Gallimard.

... top chrono

QUESTIONS

Vrai ou faux ? Note ta réponse.

1. Pour entrer dans la ménagerie, il n'y avait qu'un seul moyen : payer.
2. Quand le lion s'est approché, le chien a poussé des aboiements effrayés.
3. Le lion a laissé un morceau de viande pour le chien.
4. Tous les soirs, le lion et le chien étaient mis dans deux cages séparées.
5. Un jour, quelqu'un affirma que le chien était à lui.
6. Le directeur de la ménagerie refusa d'enlever le chien de la cage.
7. Un jour, le chien tomba malade.
8. Resté seul, le lion fut furieux.
9. Le directeur eut une idée : il mit un autre chien dans la cage du lion.
10. A la fin de l'histoire, le lion mourut.

• Note tes scores de vitesse, de compréhension et d'efficacité.

7. A VOS MARQUES, PRET ? PARTEZ !

Lis rapidement le texte en t'efforçant de bien le comprendre. Réponds ensuite aux questions sans revenir au texte.

top chrono...   Lisibilité : 55

L'arrivée

Le caractère difficile de Sarah Ida, une petite fille américaine, lui a valu de nombreux ennuis. Ses parents décident de l'envoyer quelque temps chez sa tante, à Palmville.

Le train s'arrêta à Palmville, et Sarah Ida eut une brusque pensée. Que se passerait-il si elle ne descendait pas ? Qu'arriverait-il si elle allait jusqu'au bout de la ligne ? Elle pourrait, peut-être, trouver un endroit où tout serait nouveau et où elle recommencerait tout à zéro.

Mais les gens lui poseraient des tas de questions :

« Quel âge as-tu ? Seulement dix ans et demi ? Que fais-tu ici toute seule ? »

Assurément, quelqu'un la trouverait et la ramènerait. De toute façon, c'était trop tard. Tante Claudia l'avait déjà vue. Tante Claudia était sur le quai, et regardait à travers la vitre du train en agitant sa main fine.

Tante Claudia l'embrassa et son baiser sentait l'odeur des médicaments pour la toux.

Puis elles prirent un taxi. Elles roulèrent à travers la ville, et Tante Claudia parlait.

— Comme tu as grandi, disait-elle, mais dès que je t'ai vue je t'ai reconnue. Tu as vraiment les jolis yeux bruns de ta mère, mais le bas du visage est celui de ton père (...).

Sarah Ida ne disait rien.

— Nous sommes sur la Grande Avenue, continua Tante Claudia. C'est la rue principale.

Le taxi tourna au bas de l'avenue et s'arrêta devant une place où se trouvait une maison grise.

Pendant que Tante Claudia payait le taxi, Sarah Ida examinait la maison. Elle était vieille et venait juste d'être repeinte. Elle avait des porches et des balcons qui faisaient penser à une énorme araignée.

Elles pénètrèrent à l'intérieur.

— Le téléphone est là, dit Tante Claudia. Ta mère a demandé que tu l'appelles dès ton arrivée.

— Pour quoi faire ? demanda Sarah Ida.

— Comme ça, elle saura que tu as fait un bon voyage.

— Appelle-la, toi, dit Sarah Ida.

— D'accord. Tante Claudia se dirigea vers le téléphone. Je vais composer le numéro à ta place.

— Ce n'est pas la peine, dit Sarah Ida. Je ne lui parlerai pas.

La bouche de Tante Claudia s'ouvrit et se referma. Puis elle dit :

— C'est vrai, le voyage a été long et tu dois être fatiguée. Montons dans ta chambre. Veux-tu que je t'aide à porter ta valise ?

— Non, dit Sarah Ida.

Elles montèrent les escaliers. Tante Claudia ouvrit une porte.

— Voici ta chambre.

Clyde Robert Bulla, *Sarah Ida,* F. Nathan.

... **top chrono**

QUESTIONS

Choisis, parmi les deux ou trois propositions (a, b, parfois c), celle qui correspond à ce qui est écrit dans le texte.
Note ta réponse.

1. En arrivant à Palmville, Sarah Ida fut tentée un instant de :
   a) ne pas descendre du train,
   b) faire demi-tour,
   c) sauter en marche.

2. Sarah Ida a :
   a) six ans,
   b) dix ans et demi,
   c) quatorze ans.

3. Tante Claudia attend Sarah :
   a) sur la place de la gare,
   b) sur le quai,
   c) dans le hall de la gare.

4. Tante Claudia a une odeur particulière :
   a) elle sent le parfum,
   b) elle sent les médicaments pour la toux,
   c) elle sent la cire.

5. Le trajet de la gare à la maison de Tante Claudia s'effectue :
   a) en autobus,
   b) dans la voiture de Tante Claudia,
   c) en taxi.

6. Tante Claudia trouve que Sarah a les yeux :
   a) de son père,
   b) de sa mère,
   c) de son grand-père.

7. Pendant le trajet de la gare à la maison de Tante Claudia :
   a) Sarah bavarde,
   b) Sarah reste muette.

8. La maison de Tante Claudia :
   a) fait penser à un crapaud,
   b) fait penser à un bateau,
   c) fait penser à une araignée.

9. En arrivant chez sa tante, Sarah doit :
   a) envoyer un télégramme à sa mère,
   b) envoyer une lettre à sa mère,
   c) téléphoner à sa mère.

10. Sarah va dormir :
   a) dans la chambre de Tante Claudia,
   b) dans une chambre qui lui est réservée,
   c) dans la salle à manger.

• Note tes scores de vitesse, de compréhension et d'efficacité.

8. A VOS MARQUES, PRET? PARTEZ!

Lis rapidement le texte en t'efforçant de bien le comprendre. Réponds ensuite aux questions sans revenir au texte.

top chrono... **Lisibilité : 54**

Jojo Lapin se tire d'un mauvais pas

Sire Lion a décidé de punir Jojo Lapin qui n'est pas venu écouter ses — 68
beaux discours. La punition prévue est grave, très grave : Jojo Lapin — 135
est condamné à être mangé par Sire Lion en personne. Son amie, — 196
Séraphine la Tortue, est venue le prévenir en cachette. Jojo Lapin n'a — 265
pas l'air d'être impressionné. Quand le lion se présente chez lui, il — 334
est occupé à faire cuire un magnifique gâteau. Ce sacré Jojo Lapin — 400
doit avoir une idée derrière la tête! — 437

La cuisson avançait. L'odeur était de plus en plus agréable et Sire — 504
Lion se régalait à l'avance. Finalement Jojo sortit un magnifique gâteau — 576
du four. Il le saupoudra de poudre blanche. — 619

« Qu'est-ce que c'est que cette poudre blanche? demanda Séraphine — 683
qui ne comprenait rien au comportement de son ami. — 733

— Chut! » fit Jojo en mettant une patte devant sa bouche. — 790
Et il ajouta tout bas à l'oreille de son amie : — 835
« C'est un somnifère. — 856
— C'est quoi un somnifère? — 881
— Je t'expliquerai. » — 902
En voyant le gâteau terminé, Sire Lion ne put résister à l'envie de — 968
le manger sans attendre. Il se jeta dessus et l'engloutit en deux — 1 033
bouchées. — 1 042

« Bravo, Jojo, je te félicite, tu es un excellent cuisinier. Bon, — 1 107
maintenant il est temps de se mettre en route. Suis-moi. — 1 163

— D'accord », dit Jojo. — 1 186
Sire Lion et Jojo Lapin sortirent de la maison et s'éloignèrent. — 1 250
Séraphine était toute triste en se disant qu'elle voyait sans doute Jojo — 1 322
pour la dernière fois. Elle ne put contenir son émotion et de grosses — 1 391
larmes roulèrent sur ses joues. — 1 422

« Je suppose que le jugement sera vite rendu, dit Jojo tout en — 1 484
marchant. — 1 493

— Ne t'inquiète pas. Le procès ne va pas durer, s'écria Sire Lion — 1 558
avec un sourire ambigu. — 1 581

— Si demain je ne suis toujours pas jugé, je serai libre, déclara Jojo. — 1 651
Jure-le. — 1 659

— Je te le jure, dit le lion. Tu seras jugé avant que la nuit tombe — 1 726
ou tu ne le seras pas! » — 1 750

Bientôt le lion se mit à bâiller et à marcher avec difficulté. A peine — 1 820
arrivé chez lui, au lieu de convoquer les animaux de la forêt pour le — 1 889
jugement de Jojo, il tomba comme une masse et se mit à ronfler. — 1 952

97

Jojo fouilla aussitôt dans les provisions du lion et il emporta deux paniers pleins de fruits et de légumes.

En rentrant chez lui, il croisa Séraphine, stupéfaite de le revoir vivant.

« Sire Lion t'a laissé repartir ?

— Bien sûr ! Il est généreux, dit Jojo en montrant le contenu de ses deux paniers.

— A propos, c'est quoi un somnifère ?

— C'est un médicament qui fait dormir. »

Et Jojo, laissant là Séraphine éberluée, rentra chez lui en riant.

Quant à Sire Lion, il dormit trois jours durant. Ses discours finirent par l'ennuyer à son tour, tant et si bien qu'il cessa d'en faire.

A. Royer, E. Baudry, *Jojo Lapin contre-attaque*, © Hachette.

... **top chrono**

QUESTIONS

Choisis, parmi les trois propositions (a, b, c), celle qui correspond à ce qui est écrit dans le texte. Note ta réponse.

1. Le gâteau de Jojo Lapin fut :
  a) réussi,
  b) raté,
  c) trop cuit.

2. Le lion :
  a) dévora le gâteau de Jojo Lapin,
  b) obligea Jojo Lapin à le suivre immédiatement sans jeter un coup d'œil à son gâteau,
  c) emporta le gâteau.

3. Séraphine pleura :
  a) parce qu'elle aurait voulu du gâteau,
  b) parce qu'elle pensait qu'elle voyait Jojo pour la dernière fois,
  c) parce qu'elle voulait accompagner Jojo.

4. Sire Lion promit à Jojo Lapin qu'il serait jugé :
  a) dans l'heure qui suit,
  b) avant la tombée de la nuit,
  c) avant huit jours.

5. Bientôt, le lion :
  a) s'endormit profondément,
  b) tomba dans une embuscade,
  c) se cassa une patte.

6. Avant de partir de chez Sire Lion, Jojo Lapin emporta :
  a) de l'argent,
  b) des bijoux,
  c) des fruits et des légumes.

7. En sortant de chez Sire Lion, Jojo Lapin :
   a) se cacha dans la forêt,
   b) se rendit chez son amie Séraphine,
   c) rentra chez lui.

8. La poudre blanche mise sur le gâteau était :
   a) un poison qui a tué le lion,
   b) un somnifère,
   c) du sucre.

9. Jojo Lapin ne fut pas jugé :
   a) parce que le roi lui pardonna,
   b) parce qu'il jura de ne plus recommencer,
   c) parce que le jugement ne put avoir lieu en temps voulu.

10. Le roi ne fera plus de discours :
   a) parce qu'il trouve cela ennuyeux,
   b) parce que cela lui donne mal à la gorge,
   c) parce qu'il confie cette tâche à l'un de ses sujets.

• Note tes scores de vitesse, de compréhension et d'efficacité.

9. A VOS MARQUES, PRET? PARTEZ!

Lis rapidement le texte en t'efforçant de bien le comprendre. Réponds ensuite aux questions sans revenir au texte.

top chrono...   Lisibilité : 51

Opération poisson rouge

On s'amuse bien dans le collège où Bennett, Mortimer et Bromo sont	66
pensionnaires. Chacun a sa cabane dans un bois proche de l'école	129
et y garde ses trésors. Le trésor le plus précieux de Bromo, c'est César,	202
un poisson rouge. Malheureusement, Bromo a attrapé les oreillons et	269
doit rester à l'infirmerie. Il confie son poisson à Bennett et Mortimer.	341
Pendant quelques jours, Bennett et Mortimer soignèrent César	401
comme leur propre enfant. Ils devinaient ses moindres désirs. Par les	470
belles soirées d'été, ils mettaient l'aquarium devant la cabane, afin que	543
César pût admirer la splendeur du soleil couchant. Quand le temps	608
était couvert, ils le gardaient à l'intérieur. Ils passaient des heures à	681
lui préparer de délicats repas et à le regarder manger.	736
« Nous devrions envoyer à Bromo un bulletin de santé, décida Bennett	804
à la fin de la semaine. Il doit commencer à se tracasser.	861
— Bonne idée », approuva Mortimer.	895
Ils terminèrent leur bulletin avant d'aller se coucher, et l'envoyèrent	966
à l'infirmerie par l'intermédiaire de Mme Smith.	1 014
« César est en bonne santé et ne s'ennuie pas trop, annonçaient-ils.	1 082
Il a grand appétit et il boit comme un trou. Il passe sa journée à faire	1 154

la brasse à reculons. Nous lui avons dit que tu serais bientôt de retour. Ne t'inquiète pas pour lui. »

Bromo fut si content de ce bulletin qu'il l'épingla au-dessus de son lit.

Mais quelques jours plus tard, le poisson adopta soudain une attitude bizarre.

César était à coup sûr très agité. Il partait d'un coin de son aquarium, donnait un brusque coup de queue qui ridait la surface de l'eau, filait vers l'autre coin et recommençait son manège. Il semblait si différent de son habitude que les deux garçons s'inquiétèrent.

« Je ne crois pas qu'il soit malade, déclara Bennett. C'est tout simplement qu'il s'ennuie et a besoin d'un peu d'exercice.

— Dommage que ce ne soit pas un chien ! soupira Mortimer. Nous l'emmènerions promener au bout d'une laisse.

— Oui ! s'exclama Bennett. Pourquoi pas ?

— Ne fais pas l'imbécile. On ne peut pas trimbaler un poisson en laisse !

— En tout cas, on peut lui permettre de nager dans de bonnes conditions. Pas dans l'étang, bien sûr, il est trop vaseux, et César risquerait d'être mangé par une poule d'eau. Mais nous pourrions lui faire faire quelques brasses dans la piscine. Il serait fou de joie.

— Oui, peut-être... » dit Mortimer, songeur, car cette suggestion lui paraissait hérissée de difficultés. « Si nous le mettons dans la piscine, comment le récupérer ensuite ? Ça demande réflexion. »

Finalement, ils décidèrent de placer César dans le filet à papillons de Mortimer et de le plonger dans la piscine. Bennett marcherait lentement sur le bord, tandis que César nagerait à son aise. De la sorte, il aurait le plaisir de changer d'eau, sans pouvoir s'échapper ou prendre une mauvaise direction.

« Alors, c'est entendu ! dit Bennett à Mortimer. Demain soir, tout de suite après l'étude. J'irai chercher César, toi ton filet à papillons. Et en avant pour l'Opération Poisson rouge.

A. Buckeridge, *Bennett et sa cabane*, © Hachette.

... top chrono

QUESTIONS

Choisis, parmi les trois propositions (a, b, c), celle qui correspond à ce qui est écrit dans le texte. Note ta réponse.

1. Quand il faisait beau, Bennett et Mortimer :
  a) ouvraient la fenêtre de la cabane pour que le poisson soit au bon air,
  b) mettaient l'aquarium devant la cabane,
  c) emmenaient le poisson en promenade dans la forêt.

2. Bennett et Mortimer :
  a) passaient des heures à apporter des améliorations à l'aquarium,
  b) passaient des heures à chercher des cailloux pour décorer l'aquarium,
  c) passaient des heures à préparer le repas du poisson et à le regarder manger.

3. Bennett et Mortimer ont l'idée d'envoyer à leur copain Bromo :
  a) un bulletin de santé du poisson,
  b) un splendide dessin représentant le poisson,
  c) une écaille de son poisson.

4. Bromo :
  a) n'eut pas le droit de regarder l'envoi de Bennett et de Mortimer,
  b) épingla l'envoi de Bennett et Mortimer au-dessus de son lit,
  c) lut puis jetta l'envoi de Bennett et de Mortimer.

5. Quelques jours plus tard, César le poisson surprit Bennett et Mortimer :
  a) il avait beaucoup grossi,
  b) il refusait de manger,
  c) il était très agité.

6. Bennett pensa que le poisson :
  a) s'ennuyait et avait besoin d'exercice,
  b) était gravement malade,
  c) avait mangé une mouche empoisonnée.

7. Bennett craignait que, dans l'étang, le poisson :
  a) se noie,
  b) soit mangé par une poule d'eau,
  c) attrape des microbes.

8. Bennett proposa de promener le poisson :
  a) dans une baignoire,
  b) dans le ruisseau,
  c) dans la piscine.

9. Pour ne pas perdre le poisson au cours de sa sortie, Bennett et Mortimer décidèrent de le mettre :
  a) dans une bouteille,
  b) dans un filet à papillons,
  c) dans une bassine.

10. L'Opération Poisson rouge :
  a) fut réalisée immédiatement,
  b) fut prévue pour le lendemain midi, après déjeuner,
  c) fut prévue pour le lendemain soir, après l'étude.

• Note tes scores de vitesse, de compréhension et d'efficacité.

... Prolongement ... Imagine la suite de l'histoire.

10. A VOS MARQUES, PRET? PARTEZ!

Lis rapidement le texte en t'efforçant de bien le comprendre. Réponds ensuite aux questions sans revenir au texte.

top chrono...   *Lisibilité : 50*

Une rencontre inhabituelle

Il n'y a pas si longtemps, un honorable chauffeur de taxi nommé Ebenezer Jones regagnait son domicile à une heure tardive. Au moment où il traversait un quartier de Londres rebutant et sinistre, le temps était à l'orage. Et, alors qu'il roulait au milieu d'un terrain vague, soudain lui apparut, là, dans la rue où il allait s'engager, un objet foncé, assez considérable et posé à la verticale. Cet objet, plus petit qu'un seau à charbon mais plus gros qu'une petite bouteille de cidre, se déplaçait lentement en travers de la route.

Ebenezer Jones s'était approché jusqu'à vingt mètres de cet objet, quand un motard avec un passager le dépassa en véritable casse-cou en le serrant de très près.

M. Jones freina brusquement en jetant un coup d'œil dans le rétroviseur. Quand il regarda de nouveau devant lui, il s'aperçut que le motard devait avoir renversé cet objet vertical qui se tenait maintenant sur le côté, juste devant ses roues.

Il arrêta son taxi sur-le-champ.

« Ça se pourrait que je sois un brin fou-fou, se dit-il. Il en arrive de drôles dans ce quartier-ci, autant ne pas s'en mêler. Mais quand c'est une chose pareille, faut s'arrêter pour se rendre compte. »

Il descendit de sa voiture.

Un grand oiseau noir était étendu sur la route, long de soixante bons centimètres avec une frange poilue autour du bec. Ebenezer Jones eut d'abord l'impression qu'il était mort. Mais comme il se rapprochait de lui, il vit qu'il entrouvrait un œil puis le refermait.

« Pauvre vieux, pensa-t-il. Il sera resté étourdi sous le choc. »

Dans le « Journal des Conducteurs », Ebenezer Jones avait consulté son horoscope : « Aujourd'hui, grâce à votre habileté, il y aura une vie sauve. » En rentrant chez lui, il s'était tracassé à cause de cette prédiction, se disant qu'à sa connaissance il n'avait sauvé aucune vie de toute la journée, sauf en évitant les piétons qui traversaient sans regarder.

« Ce sera la vie que je dois sauver, se dit-il. Ça doit être ça puisqu'il est minuit moins cinq. » Et il regagna l'intérieur du taxi pour prendre la bouteille de cognac et la cuiller à thé qu'il gardait toujours dans la trousse à outils pour le cas où s'évanouirait une dame ou l'autre.

J. Aiken, *Le Corbeau d'Arabelle*, F. Nathan.

... top chrono

QUESTIONS

Choisis entre les trois propositions (a, b, c) celle qui correspond au texte. Note ta réponse.

1. Que faisait Ebenezer Jones?
   a) il était chauffeur de taxi,
   b) il était jardinier,
   c) il était camionneur.

2. L'histoire s'est passée :
   a) le matin,
   b) la nuit,
   c) l'après-midi.

3. Lorsque Ebenezer Jones vit la chose sur la route, il traversait :
   a) un quartier peu agréable de la ville,
   b) un quartier chic de la ville,
   c) un bois de pins.

4. Ebenezer Jones fut dépassé par :
   a) une auto,
   b) une moto,
   c) un poids lourd.

5. La personne qui dépassa Ebenezer Jones :
   a) le salua de la main,
   b) lui fit une grimace,
   c) frôla de très près sa voiture.

103

6. En voyant que la chose bizarre avait été renversée, Ebenezer Jones :
   a) poursuivit sa route comme si de rien n'était,
   b) arrêta tout de suite,
   c) accéléra.

7. Sur la route était étendu :
   a) un chien,
   b) un homme,
   c) un oiseau.

8. Ebenezer Jones pensa d'abord que l'homme ou l'animal était :
   a) mort,
   b) endormi,
   c) blessé.

9. Dans son journal, Ebenezer Jones avait lu :
   a) qu'il allait sauver une vie,
   b) qu'il allait être cambriolé,
   c) qu'il allait avoir un accident.

10. Ebenezer Jones alla chercher dans son taxi :
   a) du café,
   b) du cognac,
   c) des pansements.

• Note tes scores de vitesse, de compréhension et d'efficacité.

... Prolongement ... Imagine la suite.

7

LA LECTURE DE RECHERCHE

Pourquoi lis-tu?

Quand tu découvres une histoire, tu lis le texte en entier, d'un bout à l'autre. Mais si, dans ce même texte, tu veux retrouver un passage ou le nom d'un personnage, il n'est pas utile de tout lire.

Que lis-tu?

Il n'est pas utile de tout lire non plus si tu cherches un renseignement dans un livre ou un texte documentaire.

Dans les deux cas, tes yeux, tels des radars, doivent sillonner les lignes jusqu'à ce qu'ils repèrent le renseignement désiré.

Cela demande de l'habileté. Ce chapitre se propose de t'y entraîner.

> LA SIXIÈME QUALITÉ DU BON LECTEUR?
> ETRE EN POSSESSION
> D'UNE LECTURE SOUPLE, VARIÉE...

A

1. A L'AFFUT

Tu vas parcourir le texte « Un fantôme au cinéma » page 91 afin de répondre à ces questions. Écris tes réponses.

1. Combien de fois apparaissent les mots suivants ?
   - fantôme,
   - lundi.
2. Quel est le mot placé avant les mots suivants ?
   - tranquillement,
   - spectatrice.
3. Quels sont les mots qui désignent :
   - une boisson ou un aliment ?
   - un animal ?

• Calcule ton score en comptant deux points par réponse exacte ou par mot trouvé ; note-le.

2. A L'AFFUT

Tu vas parcourir le texte « Une drôle de pêche » page 82 afin de répondre à ces questions. Écris tes réponses.

1. Combien de fois apparaissent les mots suivants ?
   - grenouille,
   - bocal,
   - confiture.
2. Qui dit : « Il va falloir se débarrasser de cette bestiole » ?
3. Qui dit : « On va attendre qu'ils grandissent et qu'ils deviennent des grenouilles » ?
4. Quelles sont les personnes qui prennent la parole dans cette histoire ?

• Calcule ton score en comptant deux points par réponse exacte ou par personne trouvée ; note-le.

3. A L'AFFUT

Tu vas parcourir le texte « Jojo Lapin se tire d'un mauvais pas » page 97 afin de répondre à ces questions. Écris tes réponses.

1. Combien de fois trouve-t-on les mots suivants ?
   - gâteau,   – lion,
   - somnifère,   – jugement.
2. Quelle est la première phrase du paragraphe où il est question du lion qui s'endort ?
3. Quelle est la première phrase du paragraphe qui parle de la tristesse de Séraphine la Tortue ?

ENTRAÎNEMENT

106

4. Qui prononce ces paroles : « Bravo, Jojo, je te félicite » ?
5. Quels sont les personnages de cette histoire ?

• Calcule ton score en comptant deux points par réponse exacte ou par personnage trouvé ; note-le.

4. A L'AFFUT

Repère rapidement toutes les marchandises dont il est question dans ce texte. Fais-en la liste en les classant en deux colonnes : ce qui se mange, ce qui ne se mange pas.

Au marché

La foule devient plus dense maintenant, il faut jouer des coudes pour s'approcher des étalages. Les marchands hèlent (1) les passants et tâchent de les attirer :
— Ma salade, ma salade ! Elle a le cœur tendre comme une jeune fille ! Mangez ma salade, vous ne serez jamais malade !
— Goûtez mon melon, il est bon, il est bon !
— Mangez des carottes, ça vous ravigote ! Elles rendraient aimables un régiment de grincheux ! Qui en veut ?
— Avec mes concombres, on atteint cent ans sans encombre !
Plus loin, on vend des robes, des chaussures, des bonbons. On interpelle les gens qui passent pour leur proposer des couvertures, des sacs à main ou des gaufres. C'est une foire très animée.

J. Charpentreau, *La Famille Crie-Toujours*, F. Nathan.

• Calcule ton score en comptant deux points par mot trouvé ; note-le.

5. A L'AFFUT

Le personnage du texte, Monsieur Crie-toujours, porte bien son nom. Le voilà qui part à la pêche à quatre heures du matin. Mais il réveille ses voisins et les poissons de la rivière par de nombreux bruits. Lesquels ? Repère-les rapidement et note-les.

Monsieur Crie-toujours va à la pêche

Alors, dans la nuit qui va s'achever, il chuchote quelques mots affectueux au chien et sa voix puissante porte admirablement dans les espaces froids du petit matin, il réveille tous les voisins une première fois. Puis il recommence : une deuxième fois quand il heurte le seau oublié la veille dans le passage, une troisième quand il charge son attirail dans le coffre de la voiture, une quatrième quand il claque la portière, une cinquième quand il peste contre le moteur qui tousse mais

---
(1) hèlent : appellent.

démarre mal, une sixième quand il arrive enfin à faire démarrer le moteur et qu'il le laisse tourner plusieurs minutes pour le chauffer. Puis il démarre, en appuyant par mégarde sur l'avertisseur.

Nul n'ignore dans le village que monsieur Crie-toujours vient de partir pour la pêche.

Une demi-heure plus tard, quand monsieur Crie-toujours arrive au bord de la rivière, il réveille les poissons à leur tour. Il fait rugir son moteur avant de couper le contact, il claque si souvent les portières qu'on pourrait croire que sa voiture en a une bonne douzaine, il chantonne une petite mélodie qui emplit la vallée.

J. Charpentreau, *La Famille Crie-toujours,* F. Nathan.

- Calcule ton score en comptant deux points par bruit trouvé ; note-le.

6. A L'AFFUT

Voici ce que tu dois faire en lisant le texte « Un grand concours ».

1. Le roi promet deux récompenses. Note lesquelles.
2. Fais la liste des quatre épreuves.
3. Note les noms de fleurs.
4. Note cinq noms d'animaux.
5. Relève tous les chiffres (sauf le chiffre « un ») même si tu retrouves les mêmes plusieurs fois.
6. Note le nom de l'animal qui demande : « En quoi consiste ce concours? ».

Un grand concours

Le lion, roi des animaux, décide d'organiser un grand concours doté de merveilleuses récompenses. Les animaux se précipitent au palais pour avoir des renseignements. Le roi répond à leurs questions.

« Le vainqueur gagnera une maison neuve qu'il fera construire selon ses goûts », répondit Sire Lion.

Un énorme « hourra! » retentit dans la salle du trône.

Le toit de la maison de Séraphine la Tortue était percé.

Plusieurs murs de celle de Frère Ours s'étaient écroulés.

Toute la tuyauterie était à changer chez Maître Renard.

Plus aucune fenêtre ne fermait chez Jojo Lapin, si bien qu'il y avait en permanence des courants d'air épouvantables.

Bref, la plupart des animaux rêvaient de s'installer dans une belle maison toute neuve.

« Et ce n'est pas tout, reprit le roi en faisant signe à ses sujets de se taire. Non seulement je ferai construire une magnifique maison au vainqueur, mais je remplirai sa cave et son grenier de provisions pour l'hiver. »

Une nouvelle et formidable clameur de joie résonna à travers tout le palais.

« En quoi consiste ce concours ? demanda Jojo Lapin.

— Il y a aura des épreuves très diverses afin de ne défavoriser personne, répondit le roi. Il faudra d'abord courir un cinq mille mètres, puis pêcher un poisson d'au moins cinquante centimètres, ensuite traverser la rivière à la nage à un endroit où le courant est rapide. Enfin il faudra cueillir dix boutons d'or, dix pâquerettes et dix violettes avant de se présenter sur la ligne d'arrivée où j'accueillerai moi-même le vainqueur. »

A. Royer, E. Baudry, *Jojo Lapin et le bonhomme de neige*, © Hachette.

• Calcule ton score en comptant un point par réponse exacte ou par mot trouvé ; note-le.

7. A L'AFFUT

Voici ce que tu dois faire en lisant le texte « Une cage bien remplie ».

1. Fais la liste des animaux qui sont les amis de Niania.
2. Combien d'animaux contient la cage ? Marque-le. Attention, il y a un piège !
3. Les perruches sont de deux couleurs. Note lesquelles.
4. Les chats siamois sont de trois couleurs. Note lesquelles.
5. Écris le nom des hamsters, celui du paon.
6. Quel est le mot qui montre que le guépard n'est pas dangereux ? Relève-le.

Une cage bien remplie

Alexis rend souvent visite à une vieille dame qu'il appelle Niania. Cette dame a chez elle une cage extraordinaire, remplie d'animaux les plus divers. Alexis décrit la cage.

Tout à côté, il y avait une gigantesque cage pour les véritables amis de la maison. Ils étaient soixante-douze. Vous pouvez vous amuser à vérifier :

14 singes, qui n'arrêtaient pas de faire des farces ;

6 marmottes qui dormaient depuis vingt ans ;

1 guépard, redoutable, en principe, mais doux comme un agneau ;

32 perruches bleues et vertes, un peu assourdissantes ;

7 chats siamois, bleus, violets et gris ;

5 loulous de Poméranie, qui ne sont pas mes chiens préférés, mais je n'y pouvais rien ;

1 phoque, qui avait son bain privé, et pas droit au bain de Niania, vous devinez pourquoi...

2 hamsters, nommés Jules, l'un, César, l'autre, vous comprenez aussi pourquoi, j'espère ;

3 écureuils, qui se prenaient pour des singes.

Ce qui fait bien soixante-douze, n'est-ce-pas ?

Non. Cela fait soixante et onze. Vous n'avez pas fait l'addition ; vous m'avez fait confiance ; vous êtes très paresseux ; ou alors vous ne savez pas faire une addition élémentaire, ce qui est étrange, à votre âge. Pour vous punir, je ne devrais pas vous dire le nom du soixante-douzième ami de Niania. Mais comme je suis de bonne humeur, aujourd'hui, je vous dirai que c'était un paon, nommé Électricité (...) Il n'habitait pas dans la cage.

F.R. Bastide, *Alexis dans la forêt Foly*, F. Nathan.

- Calcule ton score en comptant un point par réponse exacte ou par mot trouvé ; note-le.

8. A L'AFFUT

Lis le texte « Le grand départ » et réponds aux questions suivantes.

1. De nombreux objets sont embarqués dans la voiture. Lesquels ? Notes-en quatorze.
2. Quels sont les personnages qui ont un rôle actif dans l'histoire (ceux qui font ou disent quelque chose) ?
3. Où se passe la scène : dans la rue ou dans un jardin ?

Le grand départ

Elle est superbe la Torpédo de Grand-Père. C'est vraiment une voiture de rêve. Mais elle a un inconvénient : elle ne roule qu'en marche arrière. Malgré cela, Grand-Père a promis à ses petits-enfants, Perrine et Paul, de les emmener à la mer. Le jour du départ est arrivé.

La maison bourdonnait comme une ruche. Paul, Perrine et Grand-Père couraient partout. Ils rassemblaient leurs affaires près de la Torpédo.

Grand-Père avait ouvert le coffre énorme de la voiture. Comme un prestidigitateur, il en sortait une multitude de mallettes, de valises, de boîtes. Tous ces bagages avaient été faits sur mesure pour s'ajuster à la façon d'un puzzle.

— Remplissez-les, disait Grand-Père aux enfants, et je les rangerai moi-même dans le coffre. C'est très compliqué, à la moindre erreur, on ne peut plus rabattre le couvercle.

Grand-Mère et les parents s'étaient jurés de les laisser se débrouiller seuls. Mais Grand-Mère ne put s'empêcher de préparer un panier de pique-nique. Elle le donna à Grand-Père en bougonnant :
— Mon cher Léon, comme d'habitude, tu oublies l'essentiel.
La mère apporta une trousse à pharmacie :
— Tiens, prends ça aussi. On ne sait jamais, ça peut servir.
Perrine s'affairait à l'arrière de la Torpédo. Elle avait installé le berceau de sa poupée sur un strapontin. Sur un autre, elle avait placé sa cuisinière, ses casseroles miniatures et sa dînette.
Paul, lui, entassait, sur le siège avant, des seaux, des pelles, une bouée et un panier à crevettes.
Avant le départ, les voyageurs se réunirent autour d'une carte de la région que Grand-Père avait étalée sur la pelouse. Ils cherchèrent tous les chemins par où on pouvait passer sans rencontrer de voiture et embarquèrent la carte.
Enfin, tout fut prêt. Grand-Père mit le moteur en marche.

P. Tamboise, *Le Voyage en Torpédo*,
J'aime lire, n° 111, avril 1986.

• Calcule ton score en comptant un point par réponse exacte ; note-le.

B

1. PRÉPARE LE MATÉRIEL

Tu décides de faire un « gâteau de Chouquette ». Prépare d'abord tout ce qu'il faut.

1. Fais la liste des ingrédients nécessaires (c'est-à-dire la liste des aliments qui entrent dans la confection du gâteau).
2. Note les récipients dont on parle dans la recette.

Le gâteau de Chouquette : simple et délicieux

Mettre dans un saladier deux verres de farine, un verre de sucre en poudre, un verre de crème fraîche, un demi-verre d'huile.
Ajouter 5 grammes de levure chimique (environ un demi-sachet) et trois œufs entiers battus.
Mélanger soigneusement le tout jusqu'à ce que la pâte soit lisse.
Verser la pâte dans un plat beurré allant au four. Faire cuire à four chaud (thermostat 6 ou 7) pendant quarante minutes.
Bon appétit !

• Calcule ton score en comptant deux points par bonne réponse ; note-le.

2. PRÉPARE LE MATÉRIEL

Te voilà chasseur de fossiles de dinosaures, c'est-à-dire que tu cherches des ossements de ces animaux préhistoriques. Tu te prépares à partir. Une équipe spéciale se charge des explosifs et des bulldozers. Que te reste-t-il à emporter? Note au moins dix objets.

Découvrir des fossiles de dinosaures

Toute une équipe est nécessaire pour mettre au jour le fossile d'un dinosaure. Les explosifs et les bulldozers se révèlent indispensables dans bien des cas.

Ensuite seulement on commence à dégager les os à la pelle et à la pioche. Puis, avec beaucoup de soin, on gratte autour du squelette avec des truelles, des ciseaux de sculpteur et des brosses.

Enfin, et avant de déplacer les os, on les photographie et on les numérote. Ce travail permettra aux spécialistes de remonter les os ensemble, comme ils étaient autrefois.

On est parfois obligé de couper en plusieurs morceaux les os de grande taille. On leur applique un vernis protecteur, on les enveloppe de papier et on les place dans un sac imprégné de plâtre de moulage qui, une fois durci, permet un transport sans risque de dommage.

D. Lambert, *Les Animaux préhistoriques,* F. Nathan, Doc en poche.

• Calcule ton score en comptant deux points par bonne réponse; note-le.

3. PRÉPARE LE MATÉRIEL

Éric a décidé de faire la farce « La confiture à ressort » à ses camarades. Aide-le à la préparer en notant tous les objets dont il va avoir besoin. Attention! certains objets sont indiqués mais d'autres ne le sont pas (par exemple, que lui faut-il pour coudre?). Alors, n'oublie rien...

La confiture à ressort

Il vous faut un pot vide, dont vous peignez l'intérieur, pour qu'il semble plein de confiture.

Il vous faut aussi un ressort assez gros d'une cinquantaine de centimètres de long.

Enveloppez le ressort d'un tissu cousu à gros points.

Tassez le ressort dans le pot de confitures.

Vous n'avez plus qu'à attendre qu'un gourmand ouvre le pot de confitures — et il sera bien puni.

Pour fabriquer un ressort, il suffit d'enrouler régulièrement un fil de fer autour d'une bouteille ou d'un crayon, selon la grosseur que l'on veut obtenir. On replie les deux extrémités avec une pince pour ne pas se blesser.

A. de Crac, *Manuel des farces et attrapes,* Collection Kinkajou/© Gallimard.

• Calcule ton score en comptant deux points par bonne réponse; note-le.

4. PRÉPARE LE MATÉRIEL

Voilà deux bonnes idées pour occuper un mercredi après-midi : réaliser un tour de magie, fabriquer un coffret. Tu vas faire la liste du matériel nécessaire pour préparer ces deux activités. Certains objets sont indiqués mais d'autres ne le sont pas, à toi de les trouver (par exemple, que faut-il pour coller? pour essuyer etc.).

Un coffret pour petits objets

Six boîtes d'allumettes; du papier adhésif de couleur (on en vend qui porte des dessins décoratifs); une paire de ciseaux... Vous voilà paré (ou presque) pour construire ce meuble en miniature.

Une bande adhésive est passée autour des boîtes pour les maintenir ensemble; un plus petit bout, collé sur la face de chacun des tiroirs, coupé à la dimension voulue, complétera la décoration. Il vous suffira de mettre une petite étiquette sur la face des tiroirs pour indiquer leur contenu ou coller un exemplaire des objets que vous y rangerez. Vous aurez confectionné en quelques minutes un petit meuble de rangement.

D'après W. Disney, *2e Manuel des Castors juniors,* Hachette.

La petite pièce qui monte, qui monte

Ce tour de magie produit toujours un effet étonnant.

Un verre d'eau est posé sur la table, qui se trouve à trois ou quatre mètres des spectateurs. Vous avancez vers votre public et vous empruntez une pièce de monnaie. Revenu à votre table, vous laissez tomber la pièce dans le verre. Puis vous vous livrez à des passes magnétiques et... miracle! La pièce s'agite, remonte seule le long de la paroi de verre, tombe sur la table. Vous la saisissez alors, l'essuyez, la rendez à son propriétaire ébahi. Le secret, c'est qu'avant la séance, vous avez accroché un fil de soie noire, aussi mince que possible, à la hauteur de l'épaule de votre vêtement foncé. Le bout du fil est garni d'une boulette de cire minuscule. Après avoir emprunté la pièce, en retournant à votre table, vous avez appliqué la boulette contre la monnaie. Pour laisser tomber la pièce dans l'eau vous avez penché le corps vers l'avant; mais au cours des passes prétendument magnétiques, vous avez peu à peu redressé le torse, tendant ainsi le fil qui a fait remonter la pièce. L'essuyage final n'a pour but que de détacher la cire.

W. Disney, *2e Manuel des Castors juniors,* Hachette.

© Walt Disney Productions.
Par autorisation spéciale de Walt Disney Productions, France.

• Calcule ton score en comptant deux points par bonne réponse; note-le.

C

1. QUESTIONS – RÉPONSES

Lis la première question et cherche la réponse dans le texte « Le chat sauvage ». Écris-la. Fais de même pour les autres questions.

Questions *Lisibilité : 61*

1. Le chat sauvage est-il un animal répandu de nos jours?
2. Où habite le chat sauvage?
3. Quelle est la principale nourriture du chat sauvage?
4. Combien de chatons la chatte sauvage peut-elle avoir en une année?
5. Peut-on facilement approcher un chat sauvage?
6. Quel est l'autre nom donné au chat sauvage?
7. Quelle est la couleur des rayures du pelage du chat sauvage?
8. Que font les oreilles du chat sauvage en cas de danger?
9. Comment est la queue du chat sauvage?
10. A quelle époque de l'année la chatte sauvage a-t-elle ses petits?

Le chat sauvage

On l'appelle aussi chat forestier. Il ressemble à un grand chat domestique tigré. Mais les rayures noires de son pelage forment des dessins bien précis sur un fond gris ou roux. Sa queue est courte et se termine par un bout rond et noir. Il a une grosse tête aux oreilles courtes qui s'aplatissent en cas de danger.

Le chat sauvage est accusé de manger les lièvres, les lapins, les petits chevreuils et de s'attaquer à l'homme! Des études récentes ont montré qu'en fait il se nourrit surtout de petits rongeurs qu'il chasse à l'affût. Il ne doit pas être considéré comme un animal malfaisant.

Il vit seul ou en couple, habitant dans les arbres creux, les trous de rochers. Il peut grimper dans les arbres pour dénicher les oiseaux, ou se reposer, mais aussi pour se réfugier. Il en descend maladroitement. Il est très méfiant et difficile à voir.

La chatte sauvage a 3 ou 4 chatons par an, à la fin du printemps. Abondant autrefois, le chat sauvage est devenu rare.

B. Bornancin, S. Marseau, *Les Petits Mammifères*, F. Nathan.

• Calcule ton score en comptant deux points par bonne réponse; note-le.

2. QUESTIONS – RÉPONSES

Lis la première question et cherche la réponse dans le texte « L'écureuil ». Écris-la. Fais de même pour les autres questions.

Questions *Lisibilité : 59*

1. L'écureuil est-il actif le jour ou la nuit?
2. Comment l'écureuil fait-il pour tenir ce qu'il mange?
3. Les petits écureuils voient-ils clair dès leur naissance?

4. Comment l'écureuil se déplace-t-il sur le sol?
5. Quelle est la couleur du ventre de l'écureuil?
6. L'écureuil a-t-il le même nid l'été et l'hiver?
7. Où vit l'écureuil?
8. A quel âge les petits écureuils sortent-ils du nid?
9. L'écureuil est-il aussi actif l'hiver que l'été?
10. Où l'écureuil construit-il son nid?

L'écureuil

Tu le connais avec sa grande queue en « panache », sa petite tête ronde aux oreilles surmontées d'un pinceau de poils très longs l'hiver, son dos roux et son ventre blanc.

Actif le jour, l'écureuil vit dans les arbres. Tu peux le voir monter et descendre le long des troncs, s'accrochant aux écorces des arbres avec ses solides griffes recourbées. Il saute d'un arbre à l'autre, sa longue queue lui servant de gouvernail. Il se déplace sur le sol par petits bonds. On repère ses traces l'hiver dans la neige.

L'écureuil construit un gros nid rond dans la fourche des arbres, près du tronc. Il y dort la nuit. L'hiver, il construit ou cherche un autre nid plus solide dans lequel il peut rester plusieurs jours sans sortir. Il n'hiberne pas, mais somnole, enroulé dans sa longue queue.

Dans la forêt, l'écureuil trouve une nourriture abondante et variée : jeunes pousses au printemps, champignons et noisettes à l'automne, pommes de pin, d'épicéas, escargots, insectes, œufs d'oiseaux. Assis sur ses pattes arrière, il tient ses aliments dans ses pattes avant et les croque avec ses fortes incisives.

Dès le mois d'août, alors que la nourriture est abondante, l'écureuil commence à faire des réserves qu'il enterre dans le sol. L'hiver, il ne retrouve pas toujours ses provisions. Les graines ainsi mises à l'abri dans le sol vont germer au printemps. Grâce à son étourderie, l'écureuil participe à la plantation de nouveaux arbres. Cette contribution à la vie de la forêt compense un peu les dégâts qu'il cause au printemps en mangeant des bourgeons et des jeunes pousses.

L'écureuil a, suivant les saisons et les régions, 1 ou 2 portées par an, de 3 à 4 petits. Ils naissent sans poils et aveugles. Leur mère les élève dans leur nid. Ils sortent à l'âge d'un mois et demi.

B. Bornancin, S. Marseau, *Les Petits Mammifères,* F. Nathan.

• Calcule ton score en comptant deux points par bonne réponse; note-le.

3. QUESTIONS – RÉPONSES

Lis la première question et cherche la réponse dans le texte « La loutre, une espèce protégée ». Écris-la. Fais de même pour les autres questions.

Questions

Lisibilité : 56

1. Comment la loutre reconnaît-elle ses proies?
2. A quel âge les petits de la loutre quittent-ils leur mère?
3. Combien de temps la loutre peut-elle rester sous l'eau?

4. Pourquoi la loutre est-elle un animal utile?
5. Quelle est la nourriture de la loutre?
6. Quel est le jeu fabriqué par la loutre?
7. Pourquoi les pêcheurs ont-ils détruit les loutres?
8. Comment se déplace la loutre sur la terre?
9. Les loutres existent-elles encore en grand nombre?
10. La loutre a-t-elle des petits plusieurs fois par an?

La loutre, une espèce protégée

La loutre vit près des lacs, des rivières, des marécages. On la reconnaît à sa jolie tête arrondie portant des petites oreilles et de grandes moustaches. Sa fourrure épaisse et imperméable est brune dessus, claire dessous.

Elle nage très bien, grâce à son corps long et souple, ses pattes palmées et sa queue qui lui permet de se propulser et se diriger. Elle peut rester 6 à 7 minutes sous l'eau et plonger jusqu'à 10 mètres de profondeur. Elle est si bien adaptée à la vie dans l'eau qu'elle est appelée « la reine des rivières ».

Elle habite sous les rochers, dans une souche d'arbre ou dans un terrier abandonné par un autre animal. Sur la terre, elle se déplace en bondissant. Elle peut se redresser.

Vivant surtout la nuit, elle utilise d'ingénieuses techniques de chasse, poursuivant ses proies, ou les attendant à l'affût. Ses longues moustaches lui permettent de les reconnaître. Elle capture les poissons de toutes espèces, les écrevisses, les oiseaux aquatiques, les petits rongeurs (comme les lapins).

La loutre femelle a une portée par an de 2 à 4 petits. Elle leur apprend à pêcher et à vivre dans l'eau. Elle se sépare d'eux quand l'apprentissage est terminé, au bout de 6 à 7 mois. Cette longue éducation des bébés loutres par leur mère est exceptionnelle.

Une autre particularité de la loutre est son goût pour le jeu, elle est capable de fabriquer des « toboggans » sur les rives ou dans la neige, et de les utiliser pour de bonnes parties de glissades.

Elle est très résistante au froid et elle sait pêcher sur les lacs gelés.

La loutre est un animal en voie de disparition. Elle a été chassée et piégée pour sa fourrure, et parce qu'elle concurrençait les pêcheurs en mangeant des poissons. Elle a aussi été victime de la pollution de l'eau des rivières ou de la destruction de ses lieux d'habitation. Elle survit actuellement dans quelques régions où elle est protégée car son rôle est considéré comme utile : elle mange les animaux malades ou en trop grand nombre.

D'après B. Bornancin, S. Marseau, *Les Petits Mammifères,* F. Nathan.

• Calcule ton score en comptant deux points par bonne réponse; note-le.

4. QUESTIONS – RÉPONSES

Lis la première question et cherche la réponse dans le texte « Grenouille et crapaud ». Écris-la. Fais de même pour les autres questions.

Questions   Lisibilité : 53

1. Quelle est la principale nourriture de la grenouille ?
2. Quelle est la grande différence entre le crapaud et la grenouille ?
3. A quel mois de l'année peut-on voir la grenouille dans les étangs ?
4. Quelle précaution doit-on prendre si l'on a touché un crapaud ?
5. Peut-on manger des cuisses de grenouille dans tous les pays ?
6. Le venin du crapaud est-il dangereux pour l'homme ?
7. Presque toutes les grenouilles ont une tache noire, à quel endroit ?
8. Qu'est-ce qui permet aux œufs de la grenouille de remonter à la surface ?
9. Où se trouve l'oreille de la grenouille ?
10. Pourquoi le crapaud est-il un animal utile ?

Grenouille et crapaud

C'est en avril qu'on rencontre la grenouille dans les étangs. Il y a beaucoup de sortes de grenouilles, mais la plupart se reconnaissent à une tache noire, allongée, derrière les yeux.

Dans cette tache, un rond plus clair ou plus foncé : c'est l'oreille de la grenouille. Pas de pavillon à cette oreille, mais ça ne l'empêche pas d'entendre très bien. Lorsqu'elle pond, ses œufs tombent au fond de l'eau mais la gélatine qui les entoure se gonfle, les fait remonter à la surface. Il arrive que la grenouille ponde dans des endroits

117

stupides, des mares de quelques centimètres de profondeur à peine, qui seront asséchées par le soleil. Mais baste! tout le monde peut se tromper. La différence importante d'avec le crapaud, ce sont les cuisses de la grenouille, musclées, longues et — hélas pour elle — savoureuses. Il existe des pays où la capture des grenouilles pour l'alimentation est strictement interdite. Et c'est vrai qu'il vaut mieux se priver d'un hors-d'œuvre et aider à supprimer quelques milliers d'insectes, dont la grenouille fait une grande consommation.

Le crapaud aussi est un grand insectivore, et si son aspect crasseux peu engageant a fait courir sur lui de nombreuses légendes, il faut absolument le protéger de la destruction. C'est vrai qu'il n'est pas joli, joli. Couvert de pustules, sautillant avec maladresse, il n'a pas grand-chose pour plaire.

Sauf, nous l'avons dit, les services qu'il nous rend en avalant des kilos d'insectes qui nous tourmenteraient. Une légende n'est pas fausse à propos du crapaud : celle de son venin.

Il porte sur la nuque deux bosses allongées, qui renferment assez de poison pour tuer un homme... mais qu'il ne peut pas injecter.

Le poison agira sur les animaux qui tenteront de manger le crapaud. Ce poison, renfermé également dans les cloques qui recouvrent son corps, n'est donc pas dangereux pour nous. Mais tout de même, lavez-vous les mains après avoir manipulé un crapaud; si vous vous touchiez les yeux, vous pourriez vous causer une inflammation à la paupière.

W. Disney, *2ᵉ Manuel des Castors juniors,* Hachette.
© Walt Disney Productions.
Par autorisation spéciale de Walt Disney Productions, France.

• Calcule ton score en comptant deux points par bonne réponse; note-le.

8

CONSULTE DES DOCUMENTS

Ce chapitre est consacré, comme le précédent, à la lecture de recherche. Mais il va te préparer à tirer parti de documents qui te seront utiles dans la vie de tous les jours : dictionnaires, annuaires, catalogues...

Pour consulter de manière efficace certains de ces documents, il est utile de connaître l'alphabet et de savoir situer les lettres les unes par rapport aux autres. Autrement dit, il faut manier l'ordre alphabétique.

C'est pourquoi nous te rappelons ici comment procéder.

L'ORDRE ALPHABÉTIQUE

A B C D E F G H I J K L M N O P Q R S T U V W X Y Z

- Lorsque des mots commencent par des lettres différentes, c'est la première lettre qui détermine le classement.
Ex. : *b*onjour   *m*ontagne   *t*apis.

- Lorsque des mots commencent par la même lettre, c'est la deuxième lettre qui détermine le classement.
Ex. : b*a*teau   b*i*jou   bonjour.

- Lorsque des mots commencent par deux lettres pareilles, c'est la troisième lettre qui détermine le classement.
Ex. : ba*r*que   ba*t*eau   ba*v*ard.

Et ainsi de suite....

A B C D E F G H I J K L M N O P Q R S T U V W X Y Z

A

1. DE A à Z

1) Complète les lettres qui manquent dans l'alphabet :

A - - C - D - - F - G - H - - J - K - - M - - O - P - - R - S - - U - V - - X - Y - Z.

2) Écris la lettre qui se situe avant et après chacune des lettres suivantes :

G - D - S - Y - J - P.

• Calcule ton score en comptant un point par bonne réponse ; note-le.

2. DE A à Z

Écris les vingt lettres suivantes par ordre alphabétique :

```
      I           J  Y        M    P        K  O
D     T      Q   B           C    F
H  W         E                  U      G   V   R
```

• Calcule ton score en comptant un point par lettre replacée ; note-le.

3. DE A à Z

Classe chaque série de mots par ordre alphabétique.

1. timide - aimable - promenade - rideau.
2. métro - magasin - mystère - menace - musicien.
3. capable - cahier - carreau - cadeau - caractère - carton - canal.
4. douze - douane - doux - double.

• Calcule ton score en comptant un point par mot classé ; note-le.

4. DE A à Z

1) Présente dix filles de ta classe par ordre alphabétique de leurs prénoms.

2) Présente dix garçons de ta classe par ordre alphabétique de leurs prénoms.

• Calcule ton score en comptant un point par nom classé ; note-le.

5. DE A à Z

Classe les sports suivants par ordre alphabétique.

kayak - aviron - voile - natation - escrime - judo - karaté - football - boxe - ski - course à pied - rugby - volley-ball - basket-ball - plongée - gymnastique - saut - ping-pong - tennis - équitation.

• Calcule ton score en comptant un point par sport classé ; note-le.

6. DE A à Z

Classe ces animaux par ordre alphabétique.

panthère - chèvre - hippopotame - vache - dinde - puma - chat - veau - tigre - poule - chacal - girafe - dromadaire - lion - gazelle - chien - canard - poussin - vipère - koala.

• Calcule ton score en comptant un point par animal classé ; note-le.

7. DE A à Z

... Jeu...
Voici un petit jeu qui peut se jouer à deux ou beaucoup plus... Le premier joueur commence : « Aujourd'hui, j'ai vu un âne. » Le deuxième continue : « Aujourd'hui, j'ai vu un buffle. » Le troisième doit poursuivre en donnant un nom d'animal qui commence par la lettre C et ainsi de suite.... Il est possible de sauter une lettre trop difficile. Le joueur qui ne trouve pas est éliminé. Le gagnant est celui qui reste le dernier.
Ce jeu peut se faire avec des noms de fleurs, de pays, de chanteurs, de comédiens, etc.

8. DE A à Z

Dans le texte suivant, Monsieur Wonka, patron d'une chocolaterie, présente une de ses inventions : son chocolat supervitaminé qui contient presque toutes les vitamines de A à Z. Monsieur Wonka donne la liste des vitamines mais il oublie des lettres. Écris les lettres dont il ne parle pas de manière à avoir l'alphabet en entier. Attention, lis d'abord le texte jusqu'au bout.

« Le chocolat supervitaminé contient des quantités considérables de vitamine A et de vitamine B. Il contient aussi de la vitamine D, de la vitamine G, de la vitamine I, de la vitamine L, de la vitamine O, de la vitamine R, de la vitamine S, de la vitamine U, de la vitamine V, de la vitamine W, de la vitamine Y, et, aussi étonnant que cela puisse vous paraître, de la vitamine Z. Les seules vitamines qu'il ne contient pas sont la vitamine M, qui vous rend malade, et la vitamine Q, parce qu'elle vous fait pousser une queue, une vraie queue de bœuf. En revanche, il contient une toute petite dose de la vitamine la plus rare, la plus recherchée, la plus magique de toutes : la vitamine Wonka. »

D'après R. Dahl, *Charlie et la chocolaterie*, Folio Junior.

• Calcule ton score en comptant deux points par lettre complétée ; note-le.

9. DE A à Z

Code secret... En suivant le code : A = 1, B = 2, C = 3, etc, découvre le message (les tirets séparent les mots).

12.5 - 20.18.5.19.15.18 - 5.19.20 - 3.1.3.8.5 - 4.1.14.19 - 12.5 - 19.15.21.20.5.18.18.1.9.14 - 16.18.5.19 - 4.21 - 3.8.1.20.5.1.21.

• Calcule ton score en comptant deux points par mot retrouvé ; note-le.

... Prolongement... Invente d'autres messages codés.

B

1. CONSULTE UN DICTIONNAIRE

Prends le dictionnaire qui te sert habituellement et note le mot qui vient avant et le mot qui vient après les mots suivants.

- départ,
- parler,
- voyager,
- travailler,
- histoire,

- hiver,
- conduire,
- chauffeur,
- frère,
- espérer.

• Calcule ton score en comptant un point par mot trouvé ; note-le.

2. CONSULTE UN DICTIONNAIRE

En ouvrant ton dictionnaire, tu lis en haut des pages les deux mots : bagage et barbe. Cela veut dire que « bagage » est le premier mot de ces pages et « barbe » le dernier mot. Trouveras-tu les mots suivants dans ces pages ? Réponds sans regarder le dictionnaire.

- bureau,
- banque,
- banane,
- ballade,
- battre,

- bâtir,
- baisser,
- banlieue,
- barre,
- bague.

• Calcule ton score en comptant deux points par bonne réponse ; note-le.

C

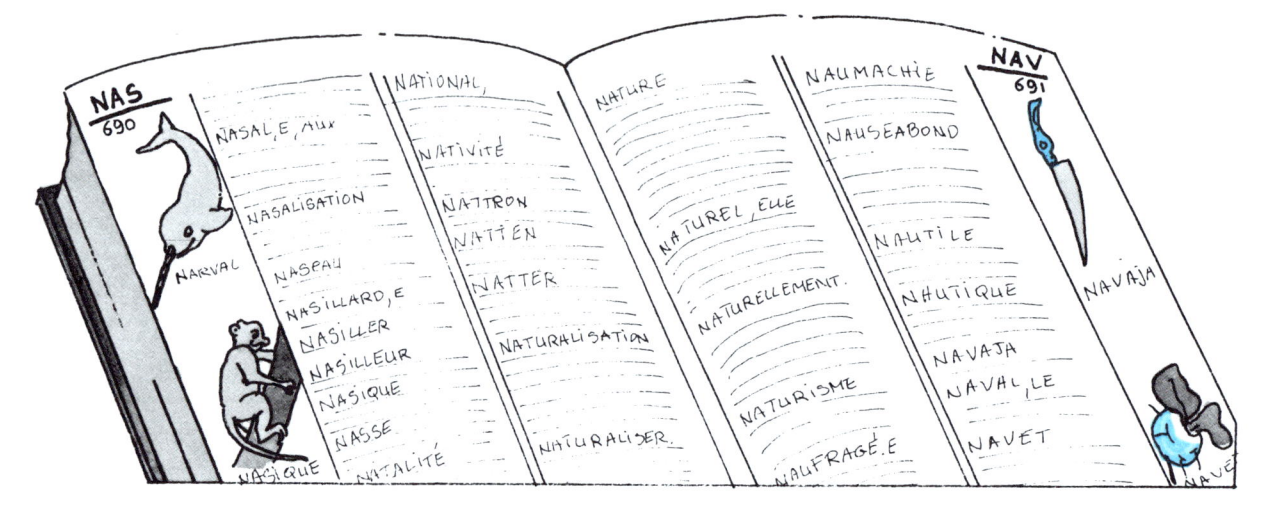

1. CONSULTE UN ANNUAIRE

A l'aide de la page d'annuaire (p. 125), réponds aux questions.

1. Quel est le numéro de téléphone de Madame Dandin ?
2. Quel est le numéro de téléphone de Monsieur Defrance ?
3. Quel numéro faut-il faire pour avoir un médecin au bout du fil ?
4. Quel est le nom du vétérinaire ?
5. Quelle est l'adresse de Madame Deslandes ?
6. Dans quelle rue habite Monsieur Cheruau Philippe ?
7. Quel est le métier de Monsieur Davy ?
8. Quel est le prénom de Madame Desfoux ?
9. Y a-t-il plusieurs personnes qui s'appellent Danjou ?
10. Son prénom est Lydie, elle habite rue Jules Ferry. Quel est son nom ?

• Calcule ton score en comptant deux points par bonne réponse ; note-le.

CHA/DES

CHAPET Colette 13 r Picardie .... (32) 05 01 43
CHAPET Robert 2 r Anjou .... (32) 47 21 76
CHAPRON Aline 18 bd Alsace Lorraine .... (32) 47 18 75
CHARUEL Yves maçon 5 r Moulin Papier .... (32) 52 77 87
CHEBASSIER Eric déménageur 10 r Clerisson .... (32) 58 72 70
CHENU Daniel 2 cité Langevin .... (32) 52 80 35
CHERON André médecin r de Bretagne .... (32) 52 89 32
CHERUAU Jean fleuriste r Marché .... (32) 52 71 03
CHERUAU Philippe r 6 Juin .... (32) 52 72 41
CHESNEL Alain pl Champ de foire .... (32) 59 11 72
CHEVREUL Daniel 51 r Maréchal Leclerc .... (32) 59 00 95
CHIESA Marguerite coiffeuse 10 r Mariotte .... (32) 59 27 19
CHOPIN Bernard 3 r Rochefort .... (32) 59 15 22
CHOPIN Ernestine chanteuse 2 r Libération .... (32) 59 27 33
CLEREMBAULT Didier 26 bd du 11 novembre .... (32) 59 08 22
CLOUARD Joël pâtissier 50 r Picardie .... (32) 59 10 31
CLOUARD Colette 6 r du Maine .... (32) 56 70 18
CLOUARD Françoise 8 r Clérisson .... (32) 59 20 86
COQUE Marie 7 r Mathieu .... (32) 58 10 30
COSIMI Raoul garagiste Grand Place .... (32) 58 02 12
COULMIN René 62 av Foch .... (32) 58 72 21
COUPARD Désiré 12 r Picardie .... (32) 59 01 08
COURTEILLE Jacques 6 av Foch .... (32) 58 41 26
COUSIN Michel vétérinaire 10 av Verdun .... (32) 58 39 07
CULAY Claude 23 cité Bruyères .... (32) 52 42 56
DALISSON Julia 3 cité Beauséjour .... (32) 58 12 26
DANDIN Madeleine 8 r Flandres .... (32) 58 01 08
DANGLA Gilles 16 r Chemin Vert .... (32) 58 59 22
DANGUY Léon 3 r Poterie .... (32) 58 67 43
DANJOU Clémence 27 r des Pins .... (32) 52 41 28
DANJOU Thérèse 31 r Château .... (32) 58 58 49
DAUVIN Rémi 16 r Pavillon .... (32) 57 29 63
DAVOUX Gilles 14 r des Pins .... (32) 05 21 12
DAVY Serge guitariste 25 r Mélèzes .... (32) 05 11 33
DEBOCK Paulette 4 cité Rivière .... (32) 05 20 26
DEFILIPPI Adrien 58 r Église .... (32) 05 19 74
DEFRANCE Ludovic 22 r Pressoir .... (32) 93 37 00
DELAHAYE Patrick 25 pl Château .... (32) 94 74 63
DELAMARCHE Berthe 53 r Poterie .... (32) 94 09 36
DELANDE Émile 48 r des Pins .... (32) 93 74 41
DELARUE Jean 23 cité Beausoleil .... (32) 04 51 20
DEMATTEO Lydie 11 r Jules Ferry .... (32) 52 71 22
DENDIN Marie-France 18 cité Archers .... (32) 52 76 47
DENOLLE Yves 1 r Costils .... (32) 53 61 18
DERENNE Hubert 46 r République .... (32) 04 51 34
DESCHAMPS Colette 3 r St Étienne .... (32) 94 12 92
DESDOITS Denis 9 r Dunkerque .... (32) 53 72 56
DESERT Jean-Marie 26 r Tétrel .... (32) 04 51 26
DESFOUX Sylvie 53 r Grange .... (32) 52 48 96
DESLANDES Janine 6 r Hamel .... (32) 52 82 92
DESMOTTES Michel 42 r Lézaux .... (32) 53 05 66

2. CONSULTE UN ANNUAIRE

A l'aide de la page d'annuaire (p. 125), réponds aux questions.

1. Madame Chopin est charcutière. Vrai ou faux?
2. Il y a trois abonnés rue Picardie. Vrai ou faux?
3. Il y a quatre personnes dont le prénom est Colette. Vrai ou faux?
4. Tes parents vont déménager. A qui téléphoner?
5. J'appelle le (32) 04 51 20 pour joindre Monsieur Delarue. Le numéro est-il exact?
6. Tu veux commander un gâteau pour l'anniversaire de ton père. Quel numéro appelles-tu?
7. Tu téléphones au (32) 58 12 26, qui répond?
8. Que fait Monsieur Charuel?
9. Un nouvel abonné arrive : Michel Coupin. Où faut-il le placer?
10. Tes parents veulent acheter des fleurs. Dans quelle rue en trouveront-ils?

- Calcule ton score en comptant deux points par bonne réponse; note-le.

D

1. CONSULTE UN CATALOGUE DE LIVRES

Consulte la page de catalogue (p. 127) et réponds aux questions.

1. Yves veut acheter tous les livres dont l'héroïne est Charlotte. Quels titres choisira-t-il?
2. Combien Yves dépensera-t-il?
3. Delphine adore les histoires avec des loups. Quels livres lui conseilles-tu?
4. Combien Delphine dépensera-t-elle?

- Calcule ton score en comptant :
  - deux points par titre exact pour les questions 1 et 3;
  - deux points par réponse exacte pour les questions 2 et 4.

2. CONSULTE UN CATALOGUE DE LIVRES

Regarde la page de catalogue (p. 127) et réponds aux questions.

1. Hélène a sept ans; elle cherche des livres qui racontent des histoires avec des lapins. Que peut-elle lire?
2. Combien dépensera la maman d'Hélène pour ces livres?
3. L'école de Sourdeval désire pour sa bibliothèque tous les livres où il est question d'animaux. Quels livres achètera-t-elle? Note seize titres.
4. Quel sera le montant de la facture?

- Calcule ton score en comptant :
  - un point par titre exact pour les questions 1 et 3;
  - un point par réponse exacte pour les questions 2 et 4.

LIVRES DE BIBLIOTHÈQUE (1)

Collection Arc-en-poche

à partir de 6 ans	
PETITES HISTOIRES DE MAURICE	17,50
CLÉMENT ET SA MAMAN	17,50
à partir de 7 ans	
SUPER CHAT CONTRE VILMATOU	19,00
OURSON	17,50
ADÈLE ET L'ORDINATEUR	17,50
ENCORE POLLY, ENCORE LE LOUP!	17,50
LE PETIT HOMME EN GRIS	17,50
10 CONTES DE LOUPS	17,50
LE LAPIN DE PAIN D'ÉPICE	17,50
BARBATONNERRE	17,50
HISTOIRE DU LAPIN QUI AVAIT PERDU SON SAC	17,50
LE GRAND RÉPARATEUR	17,50
à partir de 8 ans	
LE PERROQUET BLEU	20,00
PUCE ET CATH	19,00
TARZAN A LA GOMME	19,00
GUS ET LE CAMBRIOLEUR	17,50
CHÂTAIGNE	17,50
GUS ET POUSSINARD	17,50
AVEC CHARLOTTE, TOUT S'ARRANGE	19,00
ALEXIS DANS LA FORÊT FOLY	17,50
HODJA ET LE TAPIS VOLANT	17,50
UN MOUTON PAS COMME LES AUTRES	17,50
ARABELLE EN CROISIÈRE	17,50
ANGÉLIQUE	17,50
LE PETIT VAMPIRE	17,50
SARAH IDA	17,50
GUS ET LES HINDOUS	17,50
LE CORBEAU D'ARABELLE	17,50
FISTON ET GROS PAPA	17,50
CHARLOTTE S'ENTÊTE	17,50
LA FAMILLE CRIE-TOUJOURS	17,50
LA NUIT DE ST-SYLVAIN	17,50
PHIL ET LE CROCODILE	17,50

INCROYABLES AVENTURES DE MISTER MAC MIFFIC	17,50
CHARLOTTE PARLOTTE	17,50
SANARIN	17,50
UN AMOUR DE CHARLOTTE	17,50
LE KÉPI FANTÔME	17,50
CROQUETTE ET AMANDINE	17,50
PEINE MISÈRE ET BONHEUR LA CHANCE	17,50
à partir de 9 ans	
LE 397e ÉLÉPHANT BLANC	17,50
SUPER CHAT ET LES CHATS PITRES	19,00
DES CHIENS PAR MILLIERS	19,00
L'ARCHE DU DIABLE	17,50
LA RÉDAC	17,50
L'ŒIL DU LOUP	17,50
YA DU NOUVEAU SOUS LES ÉTOILES	17,50
CHÈRE MATHILDA S'EN VA-T-EN VILLE	17,50
GRAND LOUP SAUVAGE	17,50
LE ROI SANS ARMES	17,50
CHÈRE MATHILDA	17,50
ROMARINE	17,50
LE CHAPEAU MELON AUX MILLE REFLETS	17,50
CHÈRE MATHILDA AUX BAINS DE MER	17,50
LA PHARMACIE DES BALLONS BLEUS	17,50
LE CONQUÉRANT DU GÂTEAU AUX NOIX	17,50
à partir de 10 ans	
JEU DES QUATRE SAISONS	19,00
L'HÉRITIER DE LA NUIT	19,00
à partir de 11 ans	
LA BANANE À LA MOUTARDE	17,50
LE BESTIAIRE A MARIE	17,50
LES TRIBULATIONS D'ÉVARISTE	19,00
NE JETEZ PAS L'ARGENT PAR LES FENÊTRES	19,00
LES HORLOGES DE LA NUIT	19,00
CHATS	19,00
L'ÉPICIER ROSE	17,50
CABOT-CABOCHE	20,00

(1) Extrait du catalogue des Éditions F. Nathan.

COMMENT CALCULER LES SCORES POUR LE TEST DE DÉPART ET LES EXERCICES DU CHAPITRE 6

• SCORE DE VITESSE

— Noter l'heure au début et à la fin de la lecture.
— Calculer le temps mis pour la lecture.
— Le nombre total de signes (lettres, espaces, ponctuations) du texte étant mentionné à la fin de la dernière ligne, on peut calculer le nombre de signes lus en une minute. Ce nombre représente le score de vitesse (1).

Exemple
Un élève commence à lire à 10 h 13 min; il finit à 10 h 17 min 20 s.
Le temps de lecture est : 4 min 20 s (260 secondes).
Si le texte comporte 2 500 signes, il a lu 2 500 signes en 260 secondes, soit 576,92 signes à la minute.
Son score de vitesse est, en arrondissant : 577 signes à la minute.

• SCORE DE COMPRÉHENSION

Compter le nombre de réponses exactes aux questions. Une réponse exacte : 10 %, deux réponses exactes : 20 % et ainsi de suite. Ces pourcentages représentent le score de compréhension.

• SCORE D'EFFICACITÉ

Pour calculer le score d'efficacité, on multiplie le score de vitesse par le score de compréhension.

Exemple
Un élève lit à la vitesse de 577 signes à la minute, son pourcentage de compréhension est 80 %, son efficacité sera :

$$\frac{577 \times 80}{100} = 461,6$$

---

(1) Une autre manière de procéder est indiquée dans le guide pédagogique. C'est pourquoi le nombre de signes est mentionné à la fin de chaque ligne.

RÉCAPITULATIF DES SCORES OBTENUS

Test de départ	Vitesse	Compréhension	Efficacité

CHAPITRE 1 : UN ŒIL DE LYNX

Qu'est-ce que c'est ?	Temps mis		Score	
	1er essai	2e essai	1er essai	2e essai
1				
2				
3				
4				
5				
6				
7				
8				
9				
10				
11				
12				

Phrases à illustrer	Temps mis		Score	
	1er essai	2e essai	1er essai	2e essai
1				
2				
3				
4				

Clic-clac	Temps mis			Score		
	1er essai	2e essai	3e essai	1er essai	2e essai	3e essai
1						
2						
3						
4						
5						
6						
7						
8						

Trouve les erreurs	Temps mis	Score
1		
2		
3		

CHAPITRE 2 : UN ŒIL PANORAMIQUE

D'un seul coup d'œil	Temps mis			Score		
	1er essai	2e essai	3e essai	1er essai	2e essai	3e essai
1						
2						
3						
4						
5						

6						
7						
8						
9						
10						

CHAPITRE 3 : UN ESPRIT AGILE

Comme un radar	Temps mis			Score		
	1er essai	2e essai	3e essai	1er essai	2e essai	3e essai
1						
2						
3						
4						
5						
6						
7						
8						
9						
10						

Termine la phrase	Score		
	1	2	3

Chasse le pirate	Temps mis		Score	
	1er essai	2e essai	1er essai	2e essai
1				
2				
3				
4				

CHAPITRE 4 : UNE MÉMOIRE FIDÈLE

Laquelle est exacte?	Score				
	1	2	3	4	5

Des mots effacés	Score					
	1	2	3	4	5	6

CHAPITRE 5 : DEVINE, ORGANISE

Les mots en désordre	Score				
	1	2	3	4	5

Le texte puzzle	Score				
	1	2	3	4	5

Devine les mots	Score						
	1	2	3	4	5	6	7

CHAPITRE 6 : ENTRAINE-TOI, ÉVALUE-TOI

A vos marques, prêt? partez!	Vitesse	Compréhension	Efficacité
1			
2			
3			
4			
5			
6			
7			
8			
9			
10			

CHAPITRE 7 : LA LECTURE DE RECHERCHE

A l'affût	Score							
	1	2	3	4	5	6	7	8

Prépare le matériel	Score			
	1	2	3	4

Questions - Réponses	Score			
	1	2	3	4

CHAPITRE 8 : CONSULTE DES DOCUMENTS

De A à Z	Score								
	1	2	3	4	5	6	7	8	9

Consulte un dictionnaire	Score	
	1	2

Consulte un annuaire	Score	
	1	2

Consulte un catalogue de livres	Score	
	1	2

- Moyenne pour le chapitre « Un œil de lynx » :
- Moyenne pour le chapitre « Un œil panoramique » :
- Moyenne pour le chapitre « Un esprit agile » :
- Moyenne pour le chapitre « Une mémoire fidèle » :
- Moyenne pour le chapitre « Devine, organise… » :
- Moyenne pour le chapitre « Entraîne-toi, évalue-toi » :
    - vitesse :
    - compréhension :
    - effacité :
- Moyenne pour le chapitre « La lecture de recherche » :
- Moyenne pour le chapitre « Consulte des documents » :

- PROGRESSION ENREGISTRÉE :

CORRIGÉS DES EXERCICES D'ENTRAÎNEMENT

Test de départ (pp. 3 à 5)

1. c
2. a
3. b
4. c
5. a
6. b
7. c
8. c
9. a
10. b

Chapitre 1 : Un œil de lynx
Qu'est-ce que c'est ? (pp. 8 à 13)

Exercice 1 (p. 8)
A. 3 - B. 12 - C. 11 - D. 5 - E. 21 - F. 10 - G. pas sur le dessin - H. 13 - I. 2 - J. 17 - K. 15 - L. 19 - M. 9 - N. pas sur le dessin - O. 6 - P. 20 - Q. 1 - R. 8 - S. 4 - T. pas sur le dessin - U. 14 - V. 18 - W. 16 - X. 7.

Exercice 2 (p. 8)
A. 22 - B. 31 - C. 28 - D. 23 - E. 26 - F. 35 - G. 38 - H. 27 - I. 40 - J. 29 - K. 36 - L. 25 - M. pas sur le dessin - N. 39 - O. 32 - P. 41 - Q. 30 - R. pas sur le dessin - S. 24 - T. 33 - U. pas sur le dessin - V. 37 - W. 34.

Exercice 3 (p. 9)
A. 4 - B. 18 - C. 20 - D. pas sur le dessin - E. 10 - F. 14 - G. 3 - H. 1 - I. 7 - J. 11 - K. 6 - L. 9 - M. 15 - N. 17 - O. 2 - P. 16 - Q. 19 - R. pas sur le dessin - S. 8 - T. pas sur le dessin - U. 12 - V. 5 - W. 13.

Exercice 4 (p. 9)
A. 28 - B. 25 - C. 21 - D. 34 - E. 40 - F. 39 - G. pas sur le dessin - H. 32 - I. 37 - J. 36 - K. 29 - L. 26 - M. pas sur le dessin - N. 31 - O. 22 - P. 38 - Q. 23 - R. 35 - S. pas sur le dessin - T. 24 - U. 27 - V. 30 - W. 33.

Exercice 5 (p. 10)
A. 11 - B. 5 - C. 1 - D. 15 - E. 10 - F. 12 - G. 4 - H. 8 - I. 14 - J. 18 - K. 7 - L. pas sur le dessin - M. 20 - N. 2 - O. 17 - P. pas sur le dessin - Q. 16 - R. 19 - S. 3 - T. 13 - U. pas sur le dessin - V. 6 - W. 9.

Exercice 6 (p. 10)
A. 24 - B. 35 - C. 29 - D. 31 - E. 21 - F. 33 - G. 22 - H. 32 - I. 30 - J. pas sur le dessin - K. 26 - L. 23 - M. 25 - N. 40 - O. 28 - P. pas sur le dessin - Q. 39 - R. 36 - S. pas sur le dessin - T. 38 - U. 27 - V. 37 - W. 34.

Exercice 7 (p. 11)
A. pas sur le dessin - B. 17 - C. 1 - D. 6 - E. 19 - F. 9 - G. pas sur le dessin - H. 3 - I. 12 - J. 18 - K. 14 - L. 5 - M. pas sur le dessin - N. 16 - O. 7 - P. 2 - Q. 20 - R. 13 - S. 10 - T. 4 - U. 15 - V. 8 - W. 11.

Exercice 8 (p. 11)
A. 27 - B. 31 - C. 28 - D. 21 - E. 36 - F. 30 - G. 40 - H. 24 - I. 22 - J. pas sur le dessin - K. 38 - L. 23 - M. pas sur le dessin - N. 39 - O. 25 - P. pas sur le dessin - Q. 34 - R. 37 - S. 33 - T. 26 - U. 35 - V. 29 - W. 32.

Exercice 9 (p. 12)
A. 7 - B. 12 - C. 17 - D. 10 - E. 3 - F. pas sur le dessin - G. 13 - H. pas sur le dessin - I. 15 - J. pas sur le dessin - K. 6 - L. 2 - M. 18 - N. 5 - O. 11 - P. 16 - Q. 9 - R. 19 - S. 1 - T. 14 - U. 20 - V. 8 - W. 4.

Exercice 10 (p. 12)
A. 28 - B. 37 - C. 21 - D. 40 - E. 25 - F. pas sur le dessin - G. 32 - H. 35 - I. 33 - J. 23 - K. 27 - L. 31 - M. 34 - N. pas sur le dessin - O. 30 - P. 24 - Q. 39 - R. 26 - S. 29 - T. pas sur le dessin - U. 36 - V. 22 - W. 38.

Exercice 11 (p. 13)
A. 6 - B. 11 - C. 15 - D. 8 - E. 3 - F. 5 - G. pas sur le dessin - H. 14 - I. 16 - J. 13 - K. pas sur le dessin - L. 19 - M. 12 - N. 7 - O. 10 - P. 1 - Q. 18 - R. 9 - S. 20 - T. 2 - U. pas sur le dessin - V. 14 - W. 4 - X. 17.

Exercice 12 (p. 13)
A. 30 - B. 36 - C. 21 - D. 23 - E. 34 - F. 24 - G. 22 - H. 27 - I. 33 - J. 25 - K. 26 - L. pas sur le dessin - M. 31 - N. 40 - O. pas sur le dessin - P. 35 - Q. 38 - R. pas sur le dessin - S. 29 - T. 32 - U. 37 - V. pas sur le dessin - W. 39 - X. 28.

Phrases à illustrer (pp. 14 à 17)

Exercice 1 (p. 14)
1. H
2. pas de dessin
3. J
4. pas de dessin
5. I
6. pas de dessin
7. pas de dessin
8. C
9. G
10. B
11. D
12. A
13. F
14. E
15. pas de dessin

Exercice 2 (p. 15)
1. I
2. E
3. pas de dessin
4. D
5. J
6. B
7. pas de dessin
8. C
9. F
10. A
11. G
12. pas de dessin
13. H
14. pas de dessin

Exercice 3 (p. 17)
1. H
2. pas de dessin
3. pas de dessin
4. I
5. F
6. E
7. G
8. pas de dessin
9. B
10. J
11. C
12. A
13. pas de dessin
14. pas de dessin
15. D

135

Exercice 4 (p. 17)
1. E
2. D
3. C
4. A
5. B

Clic-clac (pp. 18 à 25)

Exercice 1 (p. 18)
1) Carte : 3 fois (2e, 5e et 13e places) ; 2) gare.
1) Maison : 2 fois (7e et 15e places) ; 2) raisin.
1) Poule : 2 fois (6e et 15e places) ; 2) moule.
1) Armoire : 3 fois (7e, 11e et 15e places) ; 2) baignoire.
1) Visage : 2 fois (2e et 15e places) ; 2) village.
1) Campagne : 3 fois (7e, 17e et 20e places) ; 2) montagne.

Exercice 2 (p. 19)
1) Cage : 1 fois (13e place) ; 2) vase.
1) Poisson : 2 fois (14e et 18e places) ; 2) poire.
1) Sourire : 2 fois (5e et 17e places) ; 2) soulier.
1) Facile : 2 fois (8e et 17e places) ; 2) facteur.
1) Goûter : 1 fois (11e place) ; 2) bouquet.
1) Alouette : 1 fois (9e place) ; 2) chouette.
1) Bonjour : 3 fois (5e, 16e et 20e places) ; 2) tambour.

Exercice 3 (p. 20)
1) Cerise : 3 fois (3e, 6e et 15e places) ; 2) valise.
1) Mensonge : 2 fois (16e et 19e places) ; 2) éponge.
1) Parler : 2 fois (6e et 19e places) ; 2) barque.
1) Courir : 2 fois (8e et 16e places) ; 2) couteau.
1) Chaleur : 3 fois (4e, 14e et 18e places) ; 2) château.
1) Ligne : 2 fois (5e et 14e places) ; 2) livre.
1) Boire : 3 fois (5e, 15e et 19e places) ; 2) boîte.

Exercice 4 (p. 21)
1) Vague : 2 fois (12e et 17e places) ; 2) bague.
1) Nuit : 3 fois (6e, 10e et 17e places) ; 2) puits.
1) Cheminée : 2 fois (9e et 13e places) ; 2) chenille.
1) Quarante : 3 fois (6e, 12e et 18e places) ; 2) quatorze.
1) Concours : 2 fois (6e et 12e places) ; 2) montre.
1) Repas : 2 fois (5e et 16e places) ; 2) tapis.
1) Précieux : 2 fois (3e et 17e places) ; 2) crevette.

Exercice 5 (p. 22)
1) Problème : 3 fois (3e, 7e et 15e places) ; 2) robinet.
1) Joie : 2 fois (12e et 15e places) ; 2) bois.
1) Mouvement : 3 fois (6e, 11e et 17e places) ; 2) moulin.
1) Place : 1 fois (6e place) ; 2) pince.
1) Machine : 2 fois (12e et 18e places) ; 2) cuisine.
1) Silence : 1 fois (5e place) ; 2) sifflet.
1) Devoir : 2 fois (4e et 11e places) ; 2 miroir.

Exercice 6 (p. 23)
1) Souvent : 3 fois (5e, 12e et 18e places) ; 2) jument.
1) Échelle : 2 fois (11e et 18e places) ; 2) échelle.
1) Sable : 3 fois (3e, 11e et 17e places) ; 2) table.
1) Observer : 2 fois (9e et 15e places) ; 2) serpent.
1) Construire : 3 fois (2e, 13e et 17e places) ; 2) confiture.
1) Foin : 3 fois (6e, 10e et 18e places) ; 2) foire.
1) Nord : 3 fois (8e, 17e et 20e places) ; 2) note.

Exercice 7 (p. 24)
1) Couleur : 1 fois (16e place) ; 2) courrier.
1) Décider : 2 fois (10e et 15e places) ; 2) désert.
1) Entendre : 1 fois (4e place) ; 2) enfant.
1) Programme : 1 fois (14e place) ; 2) professeur.
1) Répondre : 2 fois (3e et 9e places) ; 2) réveil.
1) Arriver : 2 fois (5e et 7e places) ; 2) arbre.

Exercice 8 (p. 25)
1) Garage : 1 fois (10e place) ; 2) nuage.
1) Bruyante : 2 fois (5e et 14e places) ; 2) plante.
1) Aliment : 2 fois (11e et 17e places) ; 2) monument.
1) Addition : 1 fois (15e place) ; 2) soustraction.
1) Aimable : 2 fois (4e et 17e places) ; 2) cartable.
1) Signal : 2 fois (4e et 14e places) ; 2) journal.

Trouve les erreurs (pp. 26 à 28)

Exercice 1 (p. 26)
Erreurs :
1. *a)* ami ; *b)* gagné.
2. *a)* file.
3. *a)* buffle - cracher ; *b)* mange.
4. *a)* habite ; *b)* près.
5. *a)* cage ; *b)* brasse.
6. *a)* radeau ; *b)* une.
7. *a)* toiture - encombrements.
8. *a)* bondit ; *b)* rat.
9. *a)* chameau ; *b)* lancé - manteau.
10. *a)* tordu.

Exercice 2 (p. 27)
Erreurs :
1. *a)* feu.
2. *a)* plongeur ; *b)* suite.
3. *b)* feuilleton - réalisé.
4. *a)* cheval - maison.
5. *a)* subissent - sévère ; *b)* cosmonautes.
6. *a)* minuscule.
7. *a)* carnets - pièce ; *b)* surtout.
8. *a)* lisible ; *b)* durant.
9. *a)* secoue ; *b)* longues.
10. *a)* jambes ; *b)* nagent.

Exercice 3 (p. 28)
Erreurs :
1. *a)* boule ; *b)* glace.
2. *b)* loin.
3. *a)* moucherons ; *b)* grains.
4. *a)* imaginé ; *b)* musées.
5. *a)* adorer ; *b)* lave - dune.
6. *a)* aussi ; *b)* attacher.
7. *a)* soldat - mouche.
8. *a)* poids ; *b)* souris - traînent.
9. *a)* entrer ; *b)* cambrioleur - immeuble.

Chapitre 2 : Un œil panoramique
D'un seul coup d'œil (pp. 29 à 48)

Exercice 1 (p. 31)
Faisaient partie de l'une des trois colonnes :
— wagon ;
— un clou ;
— le chef.

Exercice 2 (p. 31)
Faisaient partie de l'une des trois colonnes :
— fragile ;
— à la mer ;
— l'usine ;
— tais-toi ;
— hélas !
— le gaz.

Exercice 3 (p. 32)
Faisaient partie de l'une des trois colonnes :
- un château ;
- en panne ;
- silence !
- un merle ;
- à la gare ;
- en flamme.

Exercice 4 (p. 32)
Faisaient partie de l'une des trois colonnes :
- le calcul ;
- des cadeaux ;
- on a sonné ;
- en vacances ;
- sur le pont ;
- un joli nom.

Exercice 5 (p. 33)
Faisaient partie de l'une des trois colonnes :
- au revoir ;
- le courrier ;
- un inconnu ;
- une dactylo.

Exercice 6 (p. 33)
Faisaient partie de l'une des trois colonnes :
- le gendarme ;
- j'ai sommeil ;
- en route !
- la télévision ;
- un éléphant ;
- en musique.

Exercice 7 (p. 34)
Faisaient partie de l'une des trois colonnes :
- joyeux Noël !
- un parc à jeux ;
- en équilibre ;
- la grammaire ;
- c'est curieux ;
- un vrai génie.

Exercice 8 (p. 34)
Faisaient partie de l'une des trois colonnes :
- un gros rhume ;
- un ciel bleu ;
- quel dommage !
- un cri perçant ;
- la pleine lune ;
- les pigeons.

Exercice 9 (p. 35)
Faisaient partie de l'une des trois colonnes :
- il fait nuit ;
- gare ta voiture ;
- au diable !
- il est furieux ;
- un timbre rare.

Exercice 10 (p. 35)
Faisaient partie de l'une des trois colonnes :
- un volet bleu ;
- un plan secret ;
- sauter de joie ;
- la bibliothèque ;
- sur le sable.

Chapitre 3 : Un esprit agile
Comme un radar (pp. 40-41)

Exercice 1 (p. 40)
1) (le) loup - chat - (le) coq.
2) bière - (du) vin - (du) thé - (de) l'eau.
3) deux - cinq - douze.

Exercice 2 (p. 40)
1) (en) mai - février - (en) avril - octobre.
2) (la) porte - cheminée - (le) toit - (le) mur.
3) (du) riz - (du) pain.

Exercice 3 (p. 40)
1) (le) frère - (la) sœur - (la) nièce - (la) tante - (le) cousin.
2) (les) jambes - (le) genou - (les) mains - (les) bras - (le) poignet.

Exercice 4 (p. 40)
1) (le) théâtre - (au) cinéma - (au) cirque.
2) (un) cahier - (un) carnet - (du) papier - (un) tableau.
3) (des) sapins - (un) pommier - (un) cerisier.

Exercice 5 (p. 40)
1) (des) prunes - (un) ananas.
2) (du) plâtre - (du) ciment - (une) tuile - (une) brique.
3) (des) vagues - (le) sable (1) - (à la) plage - (les) rochers.

Exercice 6 (p. 41)
1) (en) automne - (au) printemps - (un) hiver (rude) - (un bel) été.
2) (des) fermes - (des) champs - (une) prairie - (un) épi de blé.
3) (une) médaille - (un) bracelet.

Exercice 7 (p. 41)
1) (un) fauteuil - (une) armoire - (des) chaises.
2) (une) chambre - (un) couloir.
3) du brouillard - du verglas - une fine pluie - de l'orage - de la neige.

Exercice 8 (p. 41)
1) (un) abricot (mûr) - (des) oranges.
2) (dans la) classe - (une) ardoise - (une) bonne note - (la) maîtresse - (un) cahier (neuf).
3) (une) épicerie - (une) pâtisserie - (une) librairie.

Exercice 9 (p. 41)
1) (une) hirondelle - (une) mouette - (un) perroquet - (des) moineaux.
2) (un) crayon (vert) - (de la) craie - (un) stylo (bleu).
3) (un) menuisier - (un) aviateur - (un) cultivateur.

Exercice 10 (p. 41)
1) (la porte) claque - (un) craquement.
2) (un) pull (chaud) - (des) chaussures - (une) casquette - (une) jupe (longue).
3) (une) balançoire - (un) ping-pong.
4) (il a une) scie - (une) perceuse.

---
(1) Le mot « sable » peut aussi entrer dans les mots qui désignent quelque chose qui sert à construire une maison.

Termine la phrase (pp. 42 à 44)

Exercice 1 (p. 42)
1. *b,* 2. *a,* 3. *a,* 4. *b,* 5. *c,* 6. *b,* 7. *c,* 8. *b,* 9. *a,* 10. *c.*

Exercice 2 (p. 43)
1. *b,* 2. *c,* 3. *a,* 4. *c,* 5. *b,* 6. *c,* 7. *b,* 8. *a,* 9. *c,* 10. *b.*

Exercice 3 (p.44)
1. *b,* 2. *c,* 3. *a,* 4. *c,* 5. *b,* 6. *a,* 7. *c,* 8. *b,* 9. *c,* 10. *a.*

Chasse le pirate (pp. 45 à 48)

Exercice 1 (p. 45)
1. 1) printemps ; 2) mois de l'année.
2. 1) il travaille ; 2) bruits.
3. 1) un aéroport ; 2) se rapportent au train.
4. 1) la bouche ; 2) insectes.
5. 1) l'alphabet ; 2) se rapportent à la poste.
6. 1) menteur ; 2) qualités.
7. 1) une tante ; 2) se rapportent au camping.
8. 1) souvenir ; 2) sports.
9. 1) un hélicoptère ; 2) servent à la navigation.
10. 1) l'autoroute ; 2) disciplines scolaires (les matières étudiées en classe).

Exercice 2 (p. 46)
1. 1) des gants ; 2) se mettent aux pieds.
2. 1) balai ; 2) outils.
3. 1) poulet ; 2) desserts.
4. 1) courir ; 2) nettoyer.
5. 1) lumière ; 2) maladies.
6. 1) mouchoir ; 2) tous ont un rapport avec le feu ou la chaleur.
7. 1) mairie ; 2) métiers.
8. 1) nuage ; 2) arbres.
9. 1) tapis ; 2) fleurs.
10. 1) faire son lit ; 2) se rapportent au commerce.

Exercice 3 (p. 47)
1. 1) le désert ; 2) aliments.
2. 1) un panier ; 2) animaux.
3. 1) un caniche ; 2) animaux qui vivent dans l'eau.
4. 1) une banane ; 2) légumes.
5. 1) revolver ; 2) instruments de musique.
6. 1) gentil ; 2) désignent des couleurs.
7. 1) village ; 2) habitations.
8. 1) balance ; 2) jeux.
9. 1) cube de glace ; 2) sports.
10. 1) vin ; 2) chiffres.

Exercice 4 (p. 48)
1. 1) étable - orage ; 2) servent à contenir ou à transporter quelque chose.
2. 1) plafond ; 2) pièces d'une maison.
3. 1) fusil ; 2) se rapportent à l'écriture.
4. 1) noisette ; 2) moyens de transport.
5. 1) ongle - marin ; 2) liens de parenté.
6. 1) journal ; 2) meubles.
7. 1) chemin - voleur ; 2) parties d'une maison.
8. 1) tilleul - prairie ; 2) se rapportent à la mer.

Chapitre 4 : Une mémoire fidèle
Laquelle est exacte ? (pp. 50 à 57)

Exercice 1 (p. 50)
1. *c,* 2. *b,* 3. *a,* 4. *b,* 5. *c,* 6. *c,* 7. *b,* 8. *c,* 9. *b,* 10. *a.*

Exercice 2 (p. 50)
1. *c,* 2. *b,* 3. *c,* 4. *b,* 5. *c,* 6. *a,* 7. *a,* 8. *c,* 9. *b,* 10. *c.*

Exercice 3 (p. 51)
1. *b,* 2. *a,* 3. *a,* 4. *c,* 5. *b,* 6. *c,* 7. *c,* 8. *a,* 9. *b,* 10. *c.*

Exercice 4 (p. 51)
1. *c,* 2. *b,* 3. *a,* 4. *b,* 5. *c,* 6. *b,* 7. *c,* 8. *c,* 9. *a,* 10. *c.*

Exercice 5 (p. 52)
1. *b,* 2. *c,* 3. *b,* 4. *b,* 5. *a,* 6. *b,* 7. *c,* 8. *b,* 9. *c,* 10. *b.*

Des mots effacés (pp. 58 à 63)

Pour effectuer la correction de ces exercices, il suffit de se reporter aux phrases ou aux textes de départ.

Chapitre 5 : Devine, organise...
Les mots en désordre (pp. 65 à 80)

Exercice 1 (p. 66)
1. Le lac est gelé.
2. Tout danger est écarté.
3. L'ours blanc est protégé.
4. La radio est en panne.
5. Je suis prêt à partir.
6. Le facteur distribue le courrier.
7. La gazelle a senti le danger.
8. Françoise déjeune à la cantine.
9. Le lapin dresse les oreilles.
10. Le castor sait construire une hutte.

Exercice 2 (pp. 66-67)
1. Le feu éloigne les fauves.
2. Le jour va se lever.
3. L'abeille habite dans une ruche.
4. Les Indiens reprennent leur marche.
5. Tout se passe comme prévu.
6. Le lion pousse des rugissements.
7. Julie habite près de l'école.
8. Le mouton vit en troupeau.
9. Les écureuils remuent leurs queues.
10. Le fermier se méfie du renard.

Exercice 3 (p. 67)
1. Les vacances ont passé trop vite.
2. La lune éclaire le village endormi.
3. La nuit polaire dure six mois.
4. Le brouillard rend la circulation dangereuse.
5. L'homme a besoin d'eau pour vivre.
6. La neige tombe à gros flocons.
7. Elle pousse une exclamation de surprise.
8. La gazelle entend les moindres bruits.
9. L'air du soir rafraîchit la campagne.

10. Les bruits étranges (ou « Les étranges bruits ») continuèrent jusqu'au matin.

Exercice 4 (pp. 67-68)
1. Il s'est défendu comme un beau diable.
2. Le chef donne le signal du départ.
3. Le tigre a bondi sur sa proie.
4. La voiture a perdu son clignotant droit.
5. Tout le monde se prépare au départ.
6. Ce garçon plonge comme un vrai poisson.
7. Le magicien connaît le secret de l'or.
8. Les lapins remuent sans cesse leur nez (ou « leur nez sans cesse »).
9. Nous traversons les rues vides du village.
10. Les orages ont provoqué des dégâts importants.

Exercice 5 (pp. 68-69)
1. Le lancement de la fusée est réussi.
2. Le chauffeur de la voiture semble en difficulté.
3. Il est entré sur la pointe des pieds.
4. Les touristes visitent les musées de la région.
5. Beaucoup de dangers menacent la petite souris aventureuse.
6. L'hippopotame est un animal qui aime l'eau.
7. Les taupes creusent des galeries dans la terre.
8. Il était une fois un petit garçon très timide.
9. Tous les champignons ne sont pas bons à manger.
10. De nombreuses personnes prennent l'autobus pour aller au bureau.

Le texte puzzle (pp. 69 à 73)

Exercice 1 (p. 69)
1. F - 2. D - 3. A - 4. C- 5. G - 6. B - 7. E.

Exercice 2 (p. 70)
1. E - 2. C - 3. A - 4. F - 5. H - 6. G - 7. B - 8. D.

Exercice 3 (p. 71)
1. B - 2. G - 3. C - 4. H - 5. A - 6. E - 7. D - 8. F.

Exercice 4 (p. 72)
1. C - 2. G - 3. D - 4. E - 5. A - 6. H - 7. B - 8. F.

Exercice 5 (p. 73)
1. F - 2. B - 3. E - 4. I - 5. H - 6. A - 7. C - 8. J - 9. G - 10. D.

Devine les mots (pp. 74 à 80) (1)

Exercice 1 (p. 74)
1. quatre.
2. troisième.
3. sept.
4. désobéissant - insupportable - vilain - coquin.
5. Sourijoyeux.
6. Sourijoyeuse.
7. Sourigrincheux.
8. Sourigrincheuse.
9. Sourivive.
10. Sourilente.

Exercice 2 (pp. 74-75)
1. terre.
2. sur.
3. seconde - deuxième - nouvelle.
4. qui.
5. moto.
6. réveiller.
7. rien - pas.
8. un.
9. refermant - fermant.
10. prendre.

Exercice 3 (pp. 75-76)
1. interdit - défendu.
2. vélo.
3. gardien.
4. fille.
5. écrit - marqué.
6. rouler - circuler.
7. suite.
8. faire.
9. enfants.
10. ici.

Exercice 4 (pp. 76-77)
1. chauffer.
2. cri.
3. yeux.
4. pieds.
5. réfrigérateur - frigo.
6. mangé - dévoré.
7. laitue.
8. oiseau.
9. porte.
10. bouteilles - litres.

Exercice 5 (pp. 77-78)
1. sifflet.
2. gendarme.
3. honte.
4. embouteillage - encombrement.
5. rues.
6. rien.
7. idée.
8. chef.
9. fantôme.
10. sourcils.

Exercice 6 (pp. 78-79-80)
1. Nadia.
2. sorcière.
3. Bonjour.
4. tomate.
5. cœur.
6. mains.
7. sauce.
8. pain.
9. boîte.
10. chose.

Exercice 7 (p. 80)
1. dans.
2. petit.
3. patate.
4. deux.
5. entendre.
6. une.
7. parler.
8. glace.
9. belle.
10. mieux.

Chapitre 6 : Entraîne-toi, évalue-toi
A vos marques, prêt? Partez! (pp. 82 à 104)

Exercice 1 (pp. 82-84)
1. *b*, 2. *c*, 3. *a*, 4. *b*, 5. *b*, 6. *b*, 7. *b*, 8. *c*, 9. *b*, 10. *a*.

Exercice 2 (pp. 84-86)
1. Faux, 2. Vrai, 3. Vrai, 4. Vrai, 5. Vrai, 6. Faux, 7. Faux, 8. Faux, 9. Faux, 10. Vrai.

Exercice 3 (pp. 86-88)
1. *b*, 2. *a*, 3. *c*, 4. *b*, 5. *c*, 6. *a*, 7. *c*, 8. *c*, 9. *a*, 10. *c*.

Exercice 4 (pp. 88-90)
1. *b*, 2. *a*, 3. *b*, 4. *c*, 5. *c*, 6. *b*, 7. *a*, 8. *b*, 9. *a*, 10. *a*.

Exercice 5 (pp. 91-93)
1. *b*, 2. *a*, 3. *b*, 4. *c*, 5. *b*, 6. *c*, 7. *a*, 8. *b*, 9. *c*, 10. *b*,

Exercice 6 (pp. 93-94)
1. Faux, 2. Faux, 3. Vrai, 4. Faux, 5. Vrai, 6. Faux, 7. Vrai, 8. Vrai, 9. Vrai, 10. Vrai.

Exercice 7 (pp. 94-96)
1. *a*, 2. *b*, 3. *b*, 4. *b*, 5. *c*, 6. *b*, 7. *b*, 8. *c*, 9. *c*, 10. *b*.

---
(1) Pour ces exercices, le mot du texte original est placé en premier. Ce mot est suivi, dans certains cas, d'autres mots qui peuvent aussi convenir.

Exercice 8 (pp. 97-99)
1. *a*, 2. *a*, 3. *b*, 4. *b*, 5. *a*, 6. *c*, 7. *c*, 8. *b*, 9. *c*, 10. *a*.
Exercice 9 (pp. 99-101)
1. *b*, 2. *c*, 3. *a*, 4. *b*, 5. *c*, 6. *a*, 7. *b*, 8. *c*, 9. *b*, 10. *c*.
Exercice 10 (pp. 102-104)
1. *a*, 2. *b*, 3. *a*, 4. *b*, 5. *c*, 6. *b*, 7. *c*, 8. *a*, 9. *a*, 10. *b*.

Chapitre 7 : La lecture de recherche
A l'affût (pp. 106 à 111)

Exercice 1 (p. 106)
1. - fantôme : 2 fois (sans compter le titre) ; - lundi : 2 fois.
2. - passer - fidèle.
3. - *Mots désignant une boisson ou un aliment :* patates - vin - boîtes de conserve - thé-citron ; - *Mots désignant un animal :* rats - chat.

Exercice 2 (p. 106)
1. - grenouille : 6 fois ; - bocal : 5 fois ; - confiture : 1 fois.
2. Le père de Nicolas (« Papa »).
3. Rufus.
4. Nicolas - Clotaire - Rufus - La mère et le père de Nicolas (« Maman » et « Papa »).

Exercice 3 (pp. 106-107)
1. - gâteau : 3 fois *(en comptant le texte introductif, sinon : 2 fois)*, — somnifère : 3 fois ; - lion : 12 fois *(en comptant le texte introductif, sinon : 9 fois)* ; — jugement : 2 fois.
2. « Bientôt le lion se mit à bâiller et à marcher avec difficulté. »
3. « Sire Lion et Jojo Lapin sortirent de la maison et s'éloignèrent. »
4. Sire Lion.
5. Sire Lion, Jojo Lapin, Séraphine la Tortue.

Exercice 4 (p. 107)

Ce qui se mange	Ce qui ne se mange pas
salade (3 fois)	robes
melon	chaussures
carottes	couvertures
concombres	sacs à mains
bonbons	
gaufres	

Exercice 5 (pp. 107-108)
Bruits provoqués par Monsieur Crie-Toujours :
— Voix puissante.
— Heurte le seau.
— Charge son attirail.
— Claque la portière.
— Peste contre le moteur.
— Fait démarrer le moteur et le laisse tourner.
— Appuie sur l'avertisseur.
— Fait rugir son moteur.
— Claque souvent les portières.
— Chantonne une petite mélodie.

Exercice 6 (pp. 108-109)
1. Une maison neuve ; provisions pour l'hiver.
2. Courir un cinq mille mètres - Pêcher un poisson d'au moins cinquante centimètres - Traverser la rivière à la nage - Cueillir dix boutons d'or, dix pâquerettes et dix violettes.
3. Boutons d'or, pâquerettes, violettes.
4. Lion, tortue, ours, renard, lapin.
5. Cinq mille - cinquante - dix (3 fois).
6. Jojo Lapin.

Exercice 7 (pp. 109-110)
1. singes - marmottes - guépard - perruches - chats - loulous de Poméranie - phoque - hamsters - écureuils - paon.
2. soixante et onze.
3. Bleues - vertes.
4. Bleus - violets - gris.
5. Hamsters : Jules et César ; paon : Électricité.
6. Doux.

Exercice 8 (pp. 110-111)
1. Mallettes, valises, boîtes (= bagages) - panier de pique-nique - trousse à pharmacie - berceau de poupée - cuisinière - casseroles - dînette - seaux - pelles - bouée - panier à crevettes - carte.
2. Paul - Perrine - Grand-père - Grand-mère - Mère (pas le père).
3. Dans un jardin.

Prépare le matériel (pp. 111 à 113)

Exercice 1 (p. 111)
1. Farine - sucre en poudre - crème fraîche - huile - levure chimique - œufs - beurre.
2. Saladier - verre - plat.

Exercice 2 (p. 112)
Pelle - pioche - truelles - ciseaux de sculpteur - brosses - appareil photo - crayon (ou marqueur ou craie) pour numéroter - scie (pour couper les os) - vernis - papier - sac - plâtre.

Exercice 3 (p. 112)
Pot - peinture - pinceau - ressort = fil de fer + bouteille ou crayon + pince - tissu - fil - aiguille - ciseaux.

Exercice 4 (p. 113)
• *Un coffret pour petits objets :* boîtes d'allumettes - papier adhésif de couleur - ciseaux - étiquette (ou colle).
• *La petite pièce qui monte, qui monte :* verre - eau - chiffon - fil de soie noire - épingle ou aiguille - boulette de cire.
La pièce de monnaie est empruntée à un spectateur, inutile de la préparer, sauf si vous voulez vous entraîner à faire le tour. La réponse « pièce » peut donc être considérée comme exacte.

Questions - réponses (pp. 114 à 118)

Exercice 1 (p. 114)
1. Non, il est devenu rare.
2. Arbres creux, trous de rocher.
3. Petits rongeurs.
4. 3 ou 4 chatons par an.
5. Non car il est très méfiant.
6. Chat forestier.
7. Rayures noires.
8. Elles s'aplatissent.
9. Courte et terminée par un bout rond et noir.
10. A la fin du printemps.

Exercice 2 (pp. 114-115)
1. Le jour.
2. Tient ses aliments dans ses pattes avant.
3. Non, ils sont aveugles.
4. Par petits bonds.
5. Blanc.
6. Non.
7. Dans les arbres.
8. Un mois et demi.
9. Non, il est moins actif en hiver.
10. Dans la fourche des arbres, près des troncs.

Exercice 3 (pp. 115-116)
1. Grâce à ses moustaches.
2. 6 à 7 mois.
3. 6 à 7 minutes.
4. Elle mange les animaux malades ou en trop grand nombre.
5. Poissons, écrevisses, oiseaux aquatiques, petits rongeurs.
6. Des toboggans.
7. Parce qu'elles mangent des poissons.
8. En bondissant.
9. Non, c'est un animal en voie de disparition.
10. Non, une seule fois.

Exercice 4 (pp. 117-118)
1. Insectes.
2. La grenouille a des cuisses plus longues que le crapaud.
3. En avril.
4. Se laver les mains.
5. Non, certains pays ont interdit la capture des grenouilles pour l'alimentation.
6. Non, car le crapaud ne peut injecter son venin.
7. Derrière les yeux.
8. La gélatine.
9. Dans la tache, derrière les yeux.
10. Parce qu'il mange beaucoup d'insectes.

Chapitre 8 : Consulte des documents
De A à Z (pp. 121 à 123)

Exercice 1 (p. 121)
1. B - E - I - L - N - Q - T - W.
2. *G* : F et H - *D* : C et E - *S* : R et T - *Y* : X et Z - *J* : I et K - *P* : O et Q.

Exercice 2 (p. 121)
B C D E F G H I J K M O P Q R T U V W Y.

Exercice 3 (p. 121)
1. Aimable - promenade - rideau - timide.
2. Magasin - menace - métro - musicien - mystère.
3. Cadeau - cahier - canal - capable - caractère - carreau - carton.
4. Douane - double - doux - douze.

Exercice 4 (p. 121)
Pas de corrigé.

Exercice 5 (p. 121)
Aviron - basket-ball - boxe - course à pied - équitation - escrime - football - gymnastique - judo - karaté - kayak - natation - ping-pong - plongée - rugby - saut - ski - tennis - voile - volley-ball.

Exercice 6 (p. 122)
Canard - chacal - chat - chèvre - chien - dinde - dromadaire - gazelle - girafe - hippopotame - koala - lion - panthère - poule - poussin - puma - tigre - vache - veau - vipère.

Exercice 7 (p. 122)
Pas de corrigé.

Exercice 8 (p. 122)
Vitamines C, E, F, H, J, K, N, P, T, X.

Exercice 9 (p. 122)
Le trésor est caché dans le souterrain près du château.

Consulte un dictionnaire (pp. 123-124)

Exercice 1 (p. 123) Pas de corrigé.

Exercice 2 (p. 124)
Bureau : non ;   Bâtir : non ;
Banque : oui ;   Baisser : oui ;
Banane : oui ;   Banlieue : oui ;
Ballade : oui ;   Barre : non ;
Battre : non ;   Bague : oui.

Consulte un annuaire (pp. 124 à 126)

Exercice 1 (p. 124)
1. (32) 58 01 08.
2. (32) 93 37 00.
3. (32) 52 89 32.
4. Monsieur COUSIN.
5. 6, rue Hamel.
6. Rue du 6 Juin.
7. Guitariste.
8. Sylvie.
9. Oui : 2 personnes.
10. DEMATTEO.

Exercice 2 (p. 126)
1. Faux : elle est chanteuse.
2. Vrai.
3. Faux, il y en a trois.
4. Monsieur CHEBASSIER.
5. Oui.
6. (32) 59 10 31.
7. Julia DALISSON.
8. Il est maçon.
9. Entre COUPARD et COURTEILLE.
10. Rue du Marché.

Consulte un catalogue de livres (pp. 126 à 127)

Exercice 1 (p. 126)
1. « Avec Charlotte, tout s'arrange » - « Charlotte s'entête » - « Charlotte parlotte » - « Un amour de Charlotte ».
2. 71,50 francs.
3. « Encore polly, encore le loup ! » - « 10 contes de loups » - « L'œil du loup » - « Grand loup sauvage ».
4. 70 francs.

Exercice 2 (p. 126)
1. « Le lapin de pain d'épice » - « Histoire du lapin qui avait perdu son sac ».
2. 35 francs.

3. « Super Chat contre Vilmatou » - « Ourson » - « Encore Polly, encore le loup ! » - « 10 contes de loups » - « Le lapin de pain d'épice » - « Histoire du lapin qui avait perdu son sac » - « Le perroquet bleu » - « Un mouton pas comme les autres » - « Le petit vampire » - « Le corbeau d'Arabelle » - « Phil et le crocodile » - « Le 397ᵉ éléphant blanc » - « Super chat et les chats pitres » - « Des chiens par milliers » - « L'œil du loup » - « Grand loup sauvage » - « Le bestiaire à Marie » - « Chats ».

4. Pas de corrigé : dépend des livres choisis.

TABLE DES MATIÈRES

TEST DE DÉPART..	3
CHAPITRE 1 : UN ŒIL DE LYNX..	7
Entraînement : Qu'est-ce que c'est?	8
Phrases à illustrer	14
Clic-clac	18
Trouve les erreurs	26
CHAPITRE 2 : UN ŒIL PANORAMIQUE....................................	29
Entraînement : D'un seul coup d'œil	31
CHAPITRE 3 : UN ESPRIT AGILE..	39
Entraînement : Comme un radar	40
Termine la phrase	42
Chasse le pirate	45
CHAPITRE 4 : UNE MÉMOIRE FIDÈLE.......................................	49
Entraînement : Laquelle est exacte?	50
Des mots effacés	58
CHAPITRE 5 : DEVINE, ORGANISE...	65
Entraînement : Les mots en désordre	66
Le texte puzzle	69
Devine les mots	74
CHAPITRE 6 : ENTRAINE-TOI, ÉVALUE-TOI.............................	81
Entraînement : A vos marques, prêt? Partez!	82
CHAPITRE 7 : LA LECTURE DE RECHERCHE............................	105
Entraînement : A l'affût	106
Prépare le matériel	111
Questions-réponses	114
CHAPITRE 8 : CONSULTE DES DOCUMENTS.............................	119
Entraînement : De A à Z	121
Consulte un dictionnaire	124
Consulte un annuaire	124
Consulte un catalogue de livres	126
COMMENT CALCULER LES SCORES POUR LE TEST DE DÉPART ET LES EXERCICES DU CHAPITRE 6................................	128
RÉCAPITULATIF DES SCORES OBTENUS..............................	129

Imprimé en France par IFC. Saint-Germain-du-Puy 18390.
N° éditeur : 10091258 - (XVIII) - (1372) - OSB - 80°
Dépôt légal novembre 2001 . N° d'imprimeur : 01/1094